经济管理学术文库系列

◉ 国家社科基金重大项目：人脑智能和新一代人工智能协同推动管理创新研究（23&ZD135）资助

◉ 西安交通大学人文社会科学学术著作出版基金
中央高校基本科研业务费专项资金资助
Supported by "the Fundamental Research Funds for the Central Universities"



# 数字化转型与企业管理适应性变革

SHUZIHUA ZHUANXING YU QIYE GUANLI SHIYINGXING BIANGE

江 旭 张文宗 潘 珂 董雪艳 著

西安交通大学出版社
XI'AN JIAOTONG UNIVERSITY PRESS

**图书在版编目(CIP)数据**

数字化转型与企业管理适应性变革 / 江旭等著
. — 西安 : 西安交通大学出版社，2025.1
ISBN 978-7-5693-3300-8

Ⅰ. ①数… Ⅱ. ①江… Ⅲ. ①企业管理—数字化—研究—中国 Ⅳ. ①F272.7

中国国家版本馆 CIP 数据核字(2023)第 115932 号

**书　　名** 数字化转型与企业管理适应性变革
**著　　者** 江　旭　张文宗　潘　珂　董雪艳
**责任编辑** 袁　娟
**责任校对** 李逢国
**封面设计** 任加盟

**出版发行** 西安交通大学出版社
（西安市兴庆南路 1 号　邮政编码 710048）
**网　　址** http://www.xjtupress.com
**电　　话** (029)82668357　82667874(市场营销中心)
(029)82668315(总编办)
**传　　真** (029)82668280
**印　　刷** 西安五星印刷有限公司

**开　　本** 700mm×1000mm　1/16　**印张** 9.5　**字数** 190 千字
**版次印次** 2025 年 1 月第 1 版　2025 年 1 月第 1 次印刷
**书　　号** ISBN 978-7-5693-3300-8
**定　　价** 69.80 元

如发现印装质量问题，请与本社市场营销中心联系。
订购热线：(029)82665248　(029)82667874
投稿热线：(029)82665379　微信号：yy296728019
读者信箱：xj_rwjg@126.com

# 前言

当今时代，世界面临百年未有之大变局，“黑天鹅”和“灰犀牛”事件频发，尤其是近几年肆虐的新冠疫情，引发了人们对于环境变动带来的系统性、结构性风险的担忧，迫使许多企业不得不对自身发展战略进行再定位、再思考。其中，如何在日益动荡的竞争环境中开展数字化转型，成为决定企业未来生存与发展的关键。

作为西安交通大学管理学院的一名教师，笔者多年来一直对数字化转型浪潮下的企业治理与管理问题特别关注；与此同时，笔者还积极在数字化转型、管理变革、战略升级等方面进行论文撰写及项目申报。通过这些经历和过程，笔者对数字化转型与企业管理适应性变革方面的认识越来越深刻、越来越系统。为了将近些年来的所感所获与更多业内人士分享，便萌生出了写一本书的想法，并渴望这本书能为相关企业数字化转型与管理变革贡献一点绵薄之力。

本书针对我国企业数字化转型实践中的重大管理变革问题，探究面向数字化转型的企业管理适应性变革机制、路径和实现方式，旨在揭示数字化环境下企业管理适应性变革的本质特征和总体规律。

本书核心目标是聚焦中国企业数字化转型与管理适应性变革等关键现实问题，以“归纳＋建构”方法论为指导，从“情境性＋过程性＋动态演化”的多维系统论出发，整合认知科学、决策科学、行为科学、控制科学等交叉学科视角，构建数字化转型情境下以认知(awareness)、决策(decision)、行动(action)、反馈(feedback)为要素的ADAF管理适应性变革理论与分析框架；结合现场扎根、组合案例、行为决策建模、情景实验模拟、虚拟仿真实现等多种研究方法，系统阐明面向数字化转型的企业文化价值交融认知、探索开发协同决策、资源配置共同行动、流程再造动态反馈等四重变革机制；针对原生企业、次生企业和预生企业在数字化转型中的不同驱动模式和动力阻力框架，分别构建探索–开拓型、延续–改进型、颠覆–重构型管理适应性变革路径及其实现方式；建立有效支撑数字化环境下企业管理适应性变革的制度保障体系，为我国企业构建外部环境、数字技术与管理模式三重耦合的数字化生态支持系统提供解决方案与智力支持。

本书的写作得到了蒋小仙、侯春青、杨耀程、靳瑞杰、王楚凡、费成等的帮助，感谢他们对本书的贡献！本书第7章案例由本书作者、西安理工大学经济与管理学院车密博士、西安交通大学管理学院博士研究生蒋小仙和邱洱琦合作编写，同时得到了陕西汽车控股集团有限公司的授权，在此表示感谢！

希望本书所形成的数字化转型与企业管理适应性变革相关研究结论能帮助更多的学者和企业家在相关领域内有所斩获！

江旭<br>于西安交通大学<br>2022年9月23日

# 目录

# 第1章

# 引言

## 1.1 数字化转型趋势与困惑

### 1.1.1 数字化转型在全球悄然崛起

随着大数据、云计算、人工智能等数字技术的发展，第四次工业革命时代已经到来，人类社会由此步入数字经济时代。近年来，全球经济发展速度减慢、增长动能不足，许多国家陆续推出数字化转型战略，寄希望于通过数字化转型来占领经济竞争新高地。面对欧盟在数字经济领域的不利局面，2020 年 2 月，欧盟委员会在发布的《塑造欧洲的数字未来》中提出“技术主权”概念，“技术主权”的出发点是确保数字化基础设施、网络和通信的完整性和恢复力。2020 年 6 月，德国推出《“创新德国”未来一揽子研究计划》，大力投资人工智能等前沿数字科技领域。2020 年 9 月，英国发布《国家数字战略》，旨在提升数据在政府、企业、社会中的利用效率，强化数字创新与数字生产力。2020 年 10 月，美国发布《关键与新兴技术国家战略》，在互联网、大数据、区块链、人工智能等领域构建技术同盟，力图长期保持全球数字化技术领先地位。2021 年 3 月，欧盟委员会推出“2030 数字罗盘计划”，明确了欧洲未来十年数字化发展方向。此外，《欧洲数据战略》中明确指出，欧盟应该创造一个有吸引力的政策环境，以便到 2030 年，欧盟在数据经济中所占的份额(数据存储、处理和有价值的使用)至少与其经济权重相对应，使欧盟成为数字经济的全球领导者。欧盟数字经济规则将会决定未来欧盟区域贸易协定(regional trade agreement，RTA)的取向，即通过数字经济规则改变数据净流出的现状以及保持行业数字化和 B2B(企业对企业电子商务，business to business)的领先水平。

除了以上提及的欧美等大经济体重视数字化以外，新加坡、爱尔兰和卢森堡等小经济体充分利用完善的数字经济环境通过 RTA 扮演区域数据中心的角色。然而不可避免的是，全球最低企业税率协议将对这些经济体造成不同程度的冲击（邱洋冬，2022）。对广大发展中国家而言，发展中国家既看到了数字化给本国国际贸易带来的机会，也担心沦为全球数字平台的原始数据提供方，特别是随着人工智能技术的发展，发展中国家越来越关注数字化安全，因此，提出数字化本地化政策的国家数量不是在减少，而是在增加，从 2017 年到 2021 年，世界各地实施的数字化本地化有关措施数量增加了一倍多（Cory-Toussaint et al.，2021）。现如今，企业数字化转型已经成为世界发展的共识，全球 67％的 500 强企业将数字化转型作为共识的核心战略（刘东慧 等，2022）。同样地，在学术界，近年来发表在知名刊物上有关数字化转型的论文数量一直呈现上升的势态，是学术界备受瞩目的研究热点之一（见图 1－1）。

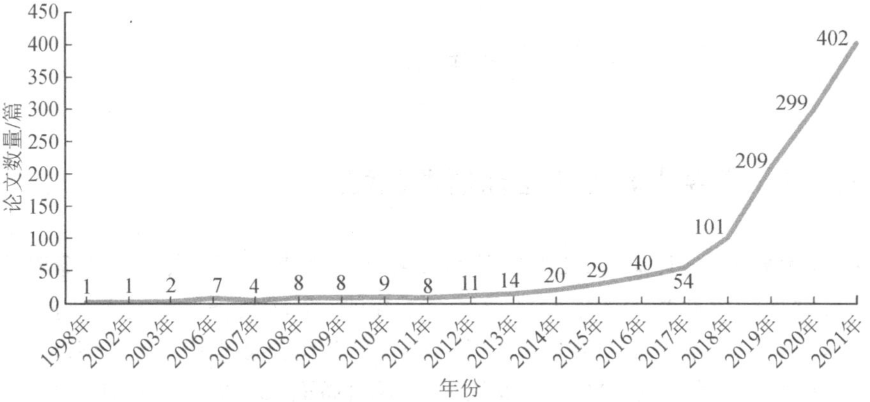


图 1－1 数字化转型论文发表年份及数量

### 1.1.2 数字化转型在国家层面备受重视

“我们要主动适应数字化变革，培育经济增长新动力，积极推动结构性改革，促进数字经济同实体经济融合发展。”这是习近平主席在 2017 年 G20 峰会上的精妙论断。2019 年，党的十九届四中全会通过了《中共中央关于坚持和完善中国特色社会主义制度 推进国家治理体系和治理能力现代化若干重大问题的决定》，赋予数字科技与数字化新的战略高度，并首次将“数据”列为与劳动、资本、土地、知识、技术、管理相并列的生产要素，奠定了我国企业数字化转型的基调。2020 年 3 月，中共中央政治局常委会召开会议，提出加快新型基础设施建设进度，以 5G、人工智能、工业互联网、物联网等新兴科技为代表的“新基建”正式提上议事日程。2021 年 3 月，《中华人民共和国国民经济和社会发展第十四个五年规划和 2035 年远景目标纲要》中，独立出第五篇强调数字经济发展问题，指出加快数字化发展、建设数字中国在未来五年乃至十五年都成为重点目标，其中特别强调了打造数字经济新优势、推进产业数字化转型。

2021 年 10 月 19 日，习近平总书记在中共中央政治局第三十四次集体学习时强调："发展数字经济是把握新一轮科技革命和产业变革新机遇的战略选择。""把握数字经济发展趋势和规律，推动我国数字经济健康发展。"2022 年全国两会中，"数字经济"成为代表委员热议的重点话题，时任国务院总理李克强在政府工作报告中，将提升科技创新能力与促进数字经济发展列为 2022 年政府工作的重要内容。2022 年国家《"十四五"数字经济发展规划》进一步明确："坚持创新引领、融合发展。坚持把创新作为引领发展的第一动力，突出科技自立自强的战略支撑作用，促进数字技术向经济社会和产业发展各领域广泛深入渗透，推进数字技术、应用场景和商业模式融合创新，形成以技术发展促进全要素生产率提升、以领域应用带动技术进步的发展格局。"国家出台的一系列计划和政策为我国企业数字化转型提供了强有力的支撑后盾，也必将为我国早日实现中华民族伟大复兴的中国梦奠定坚实的基础。

### 1.1.3 数字化转型正受到企业的重点关注

近年来，以互联网、大数据、物联网、云计算为代表的数字技术快速发展，推动现代社会迈入数字经济时代。随着数字经济的发展，云计算、区块链、大数据等新一代数字技术正在与制造、通信、金融、教育、医疗等各个行业企业实现深度融合，产业数字化转型日益成为驱动经济社会持续健康发展的重要驱动力。同时，全球新冠疫情倒逼各企业加快数字化转型，以获取新的竞争优势。例如，阿里巴巴、京东等网络零售平台企业并不局限于传统零售业，而是利用数字化资源进入与零售不相关的市场，以寻求新的增长机会。这些企业的数字化转型与商业模式创新从根本上改变了消费者行为和期望，打破了原有市场秩序，给传统企业带来压力。因此，数字化转型正逐步成为传统产业高质量发展的重要途径。数字化转型对国家、产业和经济发展具有显著影响，有必要对数字化转型相关问题做进一步研究，建立指导数字化转型的理论基础，弥合理论与实践之间的差距，从而做出有意义的改进。

在数字化大热的背景下，企业数字化转型已经成为世界发展的共识，目前，我国大约有四分之一的企业都在不同程度上展开了企业数字化转型（刘东慧 等，2022），企业数字化转型已经成为广受重视的研究和实践课题。其中，既涉及政府政策与企业战略选择之间的关系，也涉及传统企业数字化转型中需要解决的企业家认知、战略管理、资源投入、人才培养、技术应用、能力建设和绩效评价等众多复杂问题。总的来说，深入了解我国企业数字化转型的现状和问题，探究其内在特征和规律，对国家制定有针对性的政策、对学术界理解和解决新的管理问题和挑战、对企业家把握综合的发展趋势并进行战略决策，具有非常重要的意义和价值。

### 1.1.4 企业数字化转型面临的机遇与困局

**1. 我国当前数字化转型的"特殊机遇"**

2020年冬春交替之际，一场突如其来的新冠疫情席卷全国，给我国的经济、社会和生产生活带来了严重的影响。疫情造成的经济波动持续影响着我国企业的生存与发展，传统企业渐露颓势，而依赖人工智能、物联网、云计算、大数据和区块链等新兴技术的数字企业却大放异彩。疫情期间，数字化技术已经展现出独特的优势和巨大的发展潜力，大数据平台成为疫情协查、物资配送、舆论引导的重要载体，人工智能技术显著提升了诊疗效率，远程协同软件支撑企业"停工不停产"，在线教育平台确保"停课不停学"，电子商务平台满足生活采购需求，"互联网＋"政务平台保障政府服务"不掉线"。在此次疫情的催化加速下，新兴的数字技术、全新的数字文化、新颖的管理理念、崭新的管理模式如雨后春笋般层出不穷，促使传统产业向数字化跨越升级，形成了一股强劲的产业融合、协同发展的数字化转型浪潮。

受疫情和"新基建"双重因素的叠加影响，我国企业已经站在数字化转型的重要风口，数字化转型已不再是"锦上添花"，而是"刚性需求"，将深刻影响我国经济的走势。一方面，中国政府通过推进核心产业数字化，加强数字基础设施建设，为传统产业数字化转型提供政策支持和引导。另一方面，企业界和学术界以中国数字化转型情境下丰富的商业实践为对象，探索具有中国特色的传统产业数字化转型路径，促进传统企业数字化转型升级（杨书燕 等，2022）。因此，企业只有顺应数字化时代的发展潮流，把握当前数字化转型的"特殊机遇"，才能抢占新一轮国际竞争的制高点。

那么，在当前时代背景下，数字化转型究竟会给企业带来哪些改变？数字化转型有哪些发展趋势？不同企业的数字化转型方向是否一致？对这些问题的解答，有助于精准识别企业数字化转型的内涵外延、阶段特征及发展趋势。

**2. 我国数字化转型蓄势待发**

当前中国正经历向数字经济转型的历史时期，数字化转型作为数字经济的一环，发挥着越来越重要的作用。习近平总书记基于对我国经济社会发展的准确判断，指出"中国数字经济发展将进入快车道"。过去几年里，我国云计算、大数据、人工智能、5G等新兴数字技术呈现指数级增长，技术创新和商业模式创新爆炸式涌现，我国已然成为最大的数字化消费市场；同时，新兴数字行业的崛起从根本上改变了我国传统的市场格局和竞争规则，给传统行业造成了巨大冲击。最新统计资料显示，我国约有69％的企业已经开始数字化转型之旅，其中处于单点试验阶段的企业占比18％，处于局部推广阶段的企业占比23％，处于优化创新阶段和广泛推行阶段的企业各占比 14%；剩余 31%的企业正在考虑或规划数字化转型。此外，我国数字经济规模快速增长，中国信息通信研究院发布的《中国数字经济发展白皮书(2021)》显示，中国 2020 年数字经济规模已达 39.2 万亿元，占国内生产总值比重达 38.6%，增速高达 9.7%，远高于同期 GDP 增速。各行业、各领域已经涌现出一批技术领先、实力雄厚的数字化转型示范企业与示范园区，部分行业、部分领域的数字技术甚至走在了世界前列。例如，海尔以"人单合一"模式为基础，积极推进数字化转型，从战略方向、管理模式、研发体系、制造体系和服务体系等展开变革，开始向平台型企业迈进(林琳 等，2019)；平安集团则以"数字孪生"模式为根基，实现了实体经济与网络空间的互联互通，成功构建以客户为核心的数字化生态。

为了促进数字化转型的全面推行，我们需要探究，中国企业数字化转型有哪些成功经验与不足之处？不同类型的企业如何选择数字化转型模式？不同转型模式如何在实践中有效实施？对这些问题的解答，有助于我们辨明数字化转型的驱动模式与动力阻力机制，为我国企业数字化转型奠定经验基础。

**3. 企业数字化转型面临"中国困局"**

《2021 埃森哲中国企业数字转型指数》指出，从 2018 年到 2021 年，四年来我国企业的数字化转型平均成绩从 37 分提高到 54 分，提升率超过 40%，同时，转型领军企业数字化优势持续扩大，在疫情大考面前凭借积累的数字能力果断创新，转型成果显著。然而，我国企业的数字化转型成功率仍旧偏低，仅为 30%左右。尤其当前我国正面临发达国家科技封锁与疫情的双重冲击，努力实现高水平科技自立自强具有空前的重要性与紧迫性。如何抓住数字经济发展机遇，充分发挥数字经济赋能科技自立自强，是我们当前需要解答的重大课题。因此，尽管"数字化"已被我国政府确认为一种重要的经济形态和创新增长的新动能，但数字化转型的痛点难点问题依然很多。首先，僵化的组织文化阻碍了企业数字化变革的步伐。《2021 全球数字化转型现状》研究报告指出，37%的调研企业认为抵制变革与办公室政治、骄傲自满、恐惧不安等文化因素是导致数字化转型失败的关键。其次，短视的战略规划易导致数字化转型半途而废。数字化转型不仅仅是技术升级，更是技术与业务的深度融合，涉及企业运营的方方面面，需要从全局、长远的角度谋划。目前，虽然多数企业推行数字化转型的意愿强烈，但普遍缺乏清晰的战略目标与实践路径，仅仅集中于如何引入新兴信息技术，而非立足于企业发展战略的高度进行转型谋划。再次，传统的组织结构无法适应数字化转型的节奏。数字化转型要求企业的组织结构兼具灵活性与敏捷性，对职能部门间的协调能力要求越来越高，而企业传统组织架构下各部门之间的壁垒与隔阂严重制约了数字化转型的速度。最后，烦琐的业务流程降低了数字化转型的效率。传统的业务流程步骤烦琐，分工较细，业务部门间的流程壁垒现象严重，管理难度较大，导致数字技术与业务脱节，难以融合，严重降低了企业数字化转型的效率。总体而言，我国企业数字化水平较低，传统企业数字化转型困难重重，数字化转型尚处于初级阶段。摆在我国企业面前的发展困局要求我们不得不思考：数字化转型转什么？如何转？数字化转型是技术问题还是管理问题？企业数字化转型难的根源是什么？这是我国由传统经济迈向数字经济必须搞清楚的基本问题。

**4.面向数字化转型的管理模式存在适应性难题**

数字化转型是个庞大的系统工程，其广泛推行将对传统产业和企业造成巨大的冲击和挑战（刘红伟，2022）。在数字化时代，技术与商业的深度融合不断颠覆着传统管理手段，要求企业不得不对自身的管理模式、运营方式和决策机制进行全方位变革。首先，传统时代"重产品、轻服务"的产品主导逻辑将逐步退出商业舞台，取而代之的是数字化时代"以用户需求为核心"的顾客主导逻辑（Lusch et al.，2015；胡查平 等，2016；王玮 等，2019）。企业需要采用全新的管理思维，不断更新和完善已有的管理模式和方法体系。其次，"科层制"为主的传统组织架构已难以满足以"非连续性、不可预测、非线性增长"为特征的数字化时代的企业管理需求（杨学成 等，2015；陈春花，2017），唯有新型的扁平化、柔性化、虚拟化组织架构才能适应数字化时代企业的管理需求。最后，传统时代企业信息化、数字化水平偏低，企业战略决策严重依赖管理者个人经验，而数字技术的快速发展以及智能互联产品的不断涌现，使得企业内部的信息和数据呈现数量级增长，继续采用传统战略决策手段可能会导致"信息孤岛""数据孤岛"等问题，这就要求企业必须走向数据驱动的智慧型战略决策模式（Porter et al.，2015；雷明，2022）。因而，企业现有的管理模式与方法体系已难以适应数字化时代的新要求，构建本土化管理变革理论将为我国企业数字化转型提供有效的理论指导。面对数字化转型的时代要求，我国企业应如何进行管理适应性变革？变革的模式和路径该如何选择？变革的效能应如何评判？如何保障变革的成功？这是当前理论界与企业界都迫切需要解决的关键现实问题。

## 1.2 探究数字化转型与企业管理适应性变革的目的和价值

### 1.2.1 本书编写目的

考虑到数字化时代企业管理实践的复杂性以及现有管理变革理论的诸多不足之处，本书基于"情境性＋过程性＋动态演化"的多维系统论视角，采用全新的"归纳＋建构"研究范式，整合认知科学、决策科学、行为科学、控制科学等交叉学科视角，系统阐明企业面向数字化转型的管理适应性变革机制，分别构建不同类型数字化企业的差异化管理适应性变革路径及其实现方法，揭示数字化转型情境下企业管理适应性变革的本质特征和总体规律。在此过程中，我们主要为了达到以下目的：

(1)企业数字化转型的内涵特征、驱动模式和发展趋势是什么？数字化转型会给企业带来怎样的影响？回答这些问题，需要对我国企业数字化转型现状有着清晰的认识，通过探索企业数字化转型的内涵特征，构建数字化转型成熟度模型，探讨不同类型数字化企业的差异性转型路径。本书依据企业数字化转型所处的阶段和成熟度等级，将数字化企业划分为“数字化原生企业”“数字化次生企业”“数字化预生企业”三种类型：①数字化原生企业，是指将数字技术应用到企业产品生命周期全过程和业务运营各环节，并提供数字化产品与服务的企业，这类为数字化而生的企业位于数字化转型成熟度模型的高阶等级。②数字化次生企业，是指为适应数字时代的需求，在传统职能和业务中引进数字化技术，逐步从实体状态转变成信息系统中的数字状态，实现数字技术与业务运营融合的企业，这类正在向数字化迈进的企业位于数字化转型成熟度模型的中间等级。③数字化预生企业，是指依赖传统的信息技术而非数字技术进行业务运营的企业，这类尚未(正准备)进行数字化转型的企业位于数字化转型成熟度模型的初始等级。在对数字化企业进行类型划分的基础上，本书将围绕每类企业的独特特征，深入比较各类企业的数字化转型驱动模式、动力阻力机制及其管理适应性变革的差异性。

(2)如何构建适应数字化时代需求的管理适应性变革理论及其分析框架？回答此问题需以上述问题(1)为基础，辨明数字化转型中企业管理模式的适应性变革需求及变革方向，并结合数字化转型对传统管理变革理论带来的挑战，基于认知科学、决策科学、行为科学、控制科学等交叉学科，构建以“认知(awareness)—决策(decision)—行动(action)—反馈(feedback)”为要素的ADAF管理适应性变革理论和分析框架，从而破除传统管理变革理论难以阐明数字化环境下企业管理问题的藩篱。在此过程中，企业面向数字化转型的文化价值交融认知机制、探索开发协同决策机制、资源配置共同行动机制、流程再造动态反馈机制四重变革机制将被系统而深入地揭示出来。

(3)为成功推行数字化转型，不同类型的数字化企业应选择怎样的管理适应性变革路径与实现方式？回答这一问题需紧密结合上述以“认知—决策—行动—反馈”为要素的ADAF管理适应性变革理论和分析框架，从不同类型的数字化转型企业出发，深入阐明每类数字化企业的管理适应性变革路径及实现方式。为此，本书分别提炼数字化原生企业、数字化次生企业和数字化预生企业的管理适应性变革路径与实现机制，尝试通过不同类型数字化企业之间的细分研究，为数字化转型过程中企业管理适应性变革的成功实践提供新思路与新方法。

(4)为有效支撑数字化环境下企业管理适应性变革实践，需要建立怎样的保障体系？回答这个问题，需要辨明数字化环境下企业管理适应性变革的效能指标、评估标准并建立精准的反馈机制，判断企业所选择的管理适应性变革路径及其实现方式是否有效。同时结合新一轮科技革命的时代背景与我国独特的“政府与市场”

双元情境，从政府的角度出发，建立有效支撑数字化环境下企业管理适应性变革的制度保障体系，并从市场导向的视角出发，构建外部环境、数字技术与管理模式三重耦合的数字化生态支持系统，为后疫情时代我国企业的数字化转型实践保驾护航。

### 1.2.2 本书的价值

本书在推进理论发展、促进方法论创新和对企业的实践指导等多个方面都将发挥重要作用。

**1. 理论意义：整合交叉学科视角，系统构建紧扣数字化时代特征的管理适应性变革理论与分析框架**

本书基于“情境性＋过程性＋动态演化”的多维系统论视角，结合整体论、过程论和演化论等认识论的多重优势，着力构建数字化环境下企业管理适应性变革理论。这套理论不同于传统的企业管理变革理论，一方面它紧扣当下企业数字化转型的发展趋势和时代背景，整合认知科学、决策科学、行为科学、控制科学等交叉学科视角，重新审视了传统企业管理变革理论的适用性，构建出数字化时代以“认知—决策—行动—反馈”为要素的 ADAF 管理适应性变革新理论；另一方面它立足于中国国情，将中国本土企业数字化转型中管理适应性变革的实践经验以及中国独特的制度情境都纳入研究框架中，在此基础上构建一套紧扣数字化时代背景且立足中国本土情境的企业管理适应性变革理论体系，从而推动本土管理变革研究的进一步发展，同时也是对国家号召建立中国本土化理论的适时响应。

**2. 方法论意义：采用“归纳＋建构”方法论，开创数字化环境下企业管理适应性变革研究的新范式**

不同于以往管理学研究“借鉴西方理论、分析中国问题”的研究范式，本书主要采用“归纳＋建构”方法论开展研究，以兼顾理论的严谨性（rigor）与实践的相关性（relevance）。这种研究范式一方面要求深入本土企业数字化转型实践，归纳、总结数字化转型背景下企业管理适应性变革的成功经验与失败教训；另一方面通过回顾现有管理变革文献资料以“去粗取精、去伪存真”，且不满足于对现象的描述和现有理论的简单应用，真正建立起一套面向数字化转型的中国本土化企业管理适应性变革理论体系。在此过程中，扎根理论、多案例比较等质性研究方法为本书的研究提供了有益借鉴，与此同时，主流实证研究方法的应用将进一步论证与完善新构建的理论体系。

**3. 实践意义：密切服务国家重大战略，为企业、行业和国家层面的数字化转型实践提供策略及政策建议**

本书能够为企业、行业以及国家等多个层面提供企业面向数字化转型的管理适应性变革理论指导与政策建议，具有重要的现实意义。①企业层面：本书所构建的面向数字化转型的企业管理适应性变革理论体系能够较好地指导我国企业在数字化转型过程中实现企业管理的同步跟进，增强企业在国际市场竞争中的核心竞争力，免于被汹涌的时代浪潮所淹没。②行业层面：本书的研究成果将对各行业甚至整个实体经济都有重要的指导意义。当下中国数字化生活需求愈加迫切，本书不仅为中国各行业的未来发展指明了新的方向，还为我国工业的整体复苏和市场竞争力的全面提升提供了切实可行的策略与政策建议。③国家层面：本书的研究成果将有助于指导中国在全球价值链中的位势攀升，实现从“制造大国”向“制造强国”成功转变，推动后疫情时代国民经济的健康发展，为中国企业有效应对国际不利因素、全面参与“一带一路”建设贡献智慧，为实现中华民族伟大复兴贡献力量。

## 1.3 探究数字化转型与企业管理适应性变革的研究方法

### 1.3.1 研究方法准备

在企业面向数字化转型的管理适应性变革研究过程中，选择恰当的研究方法可以提高研究效率，达到事半功倍的效果。为了有助于未来研究的开展，我们将详细说明本书研究设计中涉及的各类研究方法及其具体应用情况。本书运用的各类型研究方法如图1-2所示。

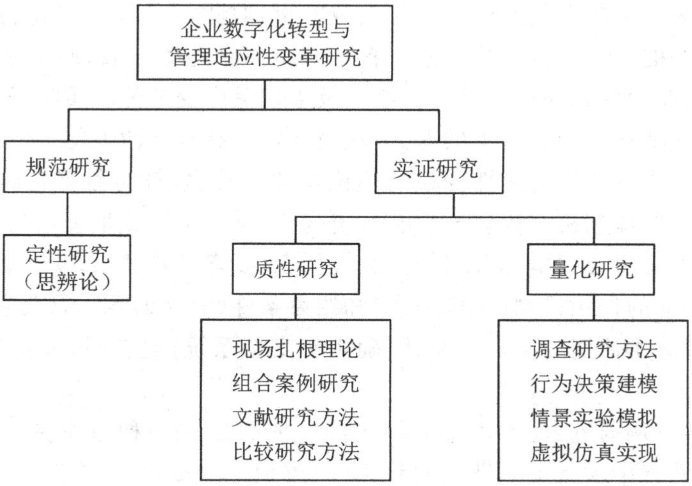


图1-2 本书运用的研究方法类型

图1-2中的规范研究主要是用思辨(speculation)、头脑风暴等方式对研究对象进行解释，依据从管理现象中提取的抽象概念，借助逻辑演绎，对现象本质及深

层次机制进行探索，不要求研究者进入实地收集一手资料，在本书中作为获取新理论认识的辅助手段；而实证研究或称经验研究（empirical research），是一种研究者深入实地进行调查、研究结果可以被观察到的研究形态。实证研究可以分为质性研究（qualitative research）和量化研究（quantitative research），两者都有完整规范的研究程序，区别主要在于：质性研究被认为是研究者对社会规则和意义的解释性理解，是研究者和研究现象经由互动而达成的融合，研究结果不具备完全的客观性、可复制性；而量化研究采用事先已有理论假设，研究的目的主要是验证假设，关注现象的总体情况和一般规律，研究具有可重复性。下面将对这些研究方法在本书中的具体运用进行阐述。

**1. 质性研究**

（1）现场扎根理论：质性研究方法之一，是从现实中系统地收集资料、分析资料，从而发现并发展理论。该理论迄今有两个流派：客观主义扎根理论和建构主义扎根理论。虽然二者在资料分析的具体过程中存在差异，但在具体的研究程序上，都遵循在经验资料的基础上建立理论的宗旨，强调资料收集和分析的同步进行，强调研究者对理论保持高度的敏感性。本书拟应用现场扎根方法，探究数字化时代基于认知科学、决策科学、行为科学、控制科学等交叉学科视角的企业管理适应性变革的理论基础、分析框架及变革机制，并构建差异化的企业管理适应性变革的路径及实现机制，探讨能够有效支撑企业数字化转型背景下管理适应性变革制度保障体系与生态支持系统。首先，运用扎根理论的研究方法，直接从实际观察入手，筛选具有代表性的数字化变革成功与失败案例，收集各种与数字化转型和管理适应性变革相关的文字、资料，从原始资料中归纳总结经验与教训，总结数字化转型的内涵特征、驱动模式和动力阻力机制以及管理适应变革的本质特征及发展规律，并对比不同企业在实现路径上的差异，从而探索出有别于西方的、基于中国国情的数字化环境下企业管理适应性变革的理论框架。其次，针对数字化转型背景下管理适应性变革的体制机制优化与生态系统构建问题，采用扎根理论的方法，通过实地收集资料并分析寻找本部分研究的关键构念、要素及其关系；从原始资料中归纳概括，搞清相应的作用机制（积极因素）和约束条件（消极因素），以及它们的交互影响，弄清各生态主体间的互动关系，明确生态支持系统产生与形成机理、运行与演化规律。

（2）组合案例研究：通常也遵从质性研究的传统，是一种经验主义的探究，通过对现实生活背景中大量事例证据的研究，完成理论的提出与构建。案例研究有单案例研究和多案例研究之分，单案例研究多注重对某一典型情境进行细致而深入的解释和理解，多案例研究则强调跨案例分析结果的一致性。本书采用组合案例研究方法，其优点在于能通过对典型事件的研究发现新奇的理论，适合做探索性研究，而且研究的结果能够相互印证。首先，选取典型数字化转型成功与失败的案例，运用历史数据、档案材料、访谈、观察等方法收集数据，弄清数字化转型的内涵特征及外延界定，并深入剖析数字化转型的驱动模式，揭示数字化转型阻力及动力机制。其次，我国数字化转型涉及多元主体，主体间的互动与竞合、管理适应性变革的路径构建更是非常复杂的问题。采用多案例研究对数字化转型主体进行长时间的追踪和观察，分析、归纳数字转型对企业的影响，以揭示三种数字企业各自的发展方向；通过典型管理适应性变革成功案例的长期跟踪挖掘，对其特征及运行方式加以细化分析，对变革路径进行反复锤炼，进而构建最优的转型路径等。

(3)文献研究方法：是根据一定的研究目的或课题需要，通过查阅文献来获得相关资料，全面、准确地了解所要研究的问题，找出事物的本质属性，从中发现问题的一种研究方法。这种方法的关键在于通过对已存在资料的深入研究，寻找规律，形成对事实的科学认识。本书首先利用文献计量法，从语义挖掘、主题聚类分析、主题词突现分析等文本内容挖掘角度出发，对中国企业数字化转型现状进行分析，包括对数字化企业类型分析和总结，对数字化转型成熟度进行识别。其次，通过对文献进行阅读，结合主题词凸显分析等文献计量与内容挖掘方法，对数字化转型的动力、阻力因素开展量化分析和影响力分析，对数字化转型动力、阻力因素进行聚类，提炼数字化转型的关键动力及阻力机制。

(4)比较研究方法：是确定研究对象间异同的一种思维方法，即根据一定标准，对两类及以上研究对象在不同情况下的不同表现进行对比性研究，从而找出研究对象的普遍规律及其特殊性本质，并得到研究对象间的内在联系。宽泛地说，比较研究可以是质性的，也可以是量化的。本书采用比较研究方法，明晰相关概念的内涵特征，对比数字化原生企业、数字化次生企业和数字化预生企业之间的差异，明确三类企业各自的数字化转型成熟度及类别差异。收集国内数字化转型过程中管理适应性变革的多个成功与失败案例，通过对比明晰我国数字化转型背景下管理适应性变革成功和失败案例的共性和差异，为我国企业数字化转型过程中管理适应性变革提供经验借鉴和启示。此外，通过比较研究，分析我国数字化原生企业、数字化次生企业和数字化预生企业三类企业的管理适应性变革路径的异同，由此为不同类型企业选择数字化转型背景下管理适应性变革关键路径和实现路线图提供支撑。

**2. 量化研究**

(1)调查研究方法：量化研究方法之一，是指通过考察了解客观情况直接获取有关材料，并对这些材料进行分析的研究方法。在实地的调查研究中，常常将问卷调查作为一种主要的收集资料的方法，与大规模的抽样调查和资料的定量分析相联系，可以说，抽样、问卷、定量分析三者的结合体是管理学定量研究中最为普及的方法。大规模的调查研究，有助于摸清现状，深入了解数字化转型背景下企业管理适应性变革的现状，验证并得到更加具有普适性的研究结论。在本书中，首先，通过大规模的问卷调研和专家访谈等实地调查，摸清我国企业数字化转型的现状以及数字化转型背景下管理适应性变革的现状，深入了解数字企业的类型，之后对数字化转型及管理适应性变革的内涵进行深入分析，摸清我国数字化转型背景下管理适应性变革的本质规律。其次，利用实地调研，对不同企业数字化转型过程中管理适应性变革的内容进行梳理，识别管理适应性变革的重点层级，总结管理适应性变革的机制。最后，通过问卷调研获取相关数据，采用结构方程模型、层次回归分析法等实证研究的方法验证不同要素之间的关系，系统深入地分析并验证管理适应性变革的四重变革机制与路径模型。

(2)行为决策建模：是用于预测企业经营决策的数学模型。在现代化的科学决策中，常常借助于自然科学的方法，运用数学的工具，建立各决策变量之间的关系公式与模型，用以反映决策问题的实质，把复杂的决策问题简化。本书利用行为决策建模分析方法识别企业数字化转型背景下的管理适应性变革机制建模、路径选择决策、效能指标构建等方面的问题。首先，基于数字化原生企业、数字化次生企业和数字化预生企业各自的特征，运用合适的行为决策模型对管理适应性变革中的文化、战略、结构、流程的适应性变革机制进行建模，进而选择最佳的变革机制，保障管理适应性变革的顺利实施。其次，本书运用行为决策建模分析方法对三类企业管理适应性变革路径选择决策进行建模，科学合理地构建管理适应性变革的差异化路径，并通过精准的数理模型估计最优的路径实现机制。最后，本书对管理适应性变革效能指标体系进行建模，开展了效能指标体系构建的数理方法研究。

(3)情景实验模拟：是以理论假设为起点，根据研究目的，运用一定的手段，主动干预或控制研究对象，在典型的环境中或特定的条件下进行的一种探索活动。在情景实验模拟研究中，研究者可以主动控制某些条件，并且实验研究的重点在于论证因果关系，结果具有可重复性。在本书中，情景实验模拟作为辅助的研究方式，主要用于识别企业管理适应性变革路径选择、实现路线图及三重耦合的数字化生态支持系统，探索面向数字化转型的企业管理适应性变革研究设计的内容效果。本书通过情景实验方法，对数字化原生企业、数字化次生企业和数字化预生企业三类企业的变革路径进行实验控制，进而提升面向数字化转型的企业管理适应性变革的政策建议和策略的运行效果。首先，采用情景实验模拟研究方法，对数字化原生企业、数字化次生企业和数字化预生企业三类数字企业的探索-开拓型、延续-改进型和颠覆-重构型路径实现条件进行控制，从而确定最佳路径实现机制。其次，通过情景实验模拟研究的方法，控制外部环境、数字技术与管理模式等相关变量，探索最佳的数字化生态支持系统三重耦合效果。

(4)虚拟仿真实现：是模拟实践中的本质过程建立仿真模型，并通过仿真实验观察系统模型中各变量的变化，用以寻求最优结构与参数的研究方法。在本书中，通过现实运作探究数字化环境下企业管理适应性变革的关键路径、最佳效能指标与体制机制优化几乎是无法实现的，因此通过计算机进行虚拟仿真实现是一种特别有效的研究手段。本书通过虚拟仿真方法，对数字化原生企业、数字化次生企业和数字化预生企业三类企业的变革路径进行模拟，对面向数字化转型的管理适应性变革的体制机制进行优化，对生态支持系统以及相关政策建议的运行效果进行建模与仿真，等等，进而提升数字化转型背景下管理适应性变革的政策建议和策略的运行效果。首先，采用虚拟仿真研究方法，利用计算机对数字化原生企业、数字化次生企业和数字化预生企业三类企业的探索-开拓型、延续-改进型和颠覆-重构型路径进行模拟，从而完成最优路径选择。其次，通过虚拟仿真研究的方法，着重探究面向数字化转型的管理适应性变革体系形成后的体制机制优化与完善，识别作用机制优化安排是否能够达到预期要求和目标；同时，利用该方法，完善外部环境、数字技术与管理模式三重耦合的数字化生态支持系统的生态主体构成及其共生演化机制。最后，利用虚拟仿真对本书提出的政策建议的运行效果进行研究，并结合本书收集到的实证数据，与仿真实验结果进行交互验证，然后对模型进行进一步拓展，最终完成对提升数字化转型背景下企业管理适应性变革的政策与智库建议的运行效果的测验。

### 1.3.2 研究方法的选取

本书从系统性视角出发，辩证处理整体和部分、结构和功能、系统和环境、功能和目标的关系。为了完整地呈现企业面向数字化转型的管理适应性变革机制、路径与实现方式，既需要关注不同特征间的内在关联，又需要考虑每一个特征上的变异，同时求得整体最优。在系统论的指导下，本书的研究内容具有以下特点。

(1)动态性与可持续性。本书构建的面向数字化转型的 ADAF 管理适应性变革理论、机制与路径选择具有动态变化、演进发展的特征。数字技术与企业职能的深度融合重塑了企业的管理模式，与此同时，面向数字化转型的企业管理适应性变革效能体系、三重耦合的数字化生态支持系统以及体制机制优化制度等三方面保障了企业管理适应性管理变革的连续性、稳定性与可持续性，从而共同支撑企业管理进行可持续的动态演化。因此本书的内容具有动态性与可持续性的特征，这种特征要求采用组合案例研究等质性研究方法和情景实验模拟等手段予以呈现。

(2)情境性与普适性。本书致力于阐明中国本土企业管理适应性变革理论与分析框架。首先通过分析总结典型行业及其代表性企业数字化转型中的管理适应性变革的具体实践，归纳得到数字化转型背景下企业管理适应性变革的深层次机理；在此基础上进一步探索面向数字化转型的企业管理适应性变革效能体系及生态支持系统，并明确政府在企业管理适应性变革过程中的制度保障作用；最后，构建中国本土化企业管理适应性变革研究体系，并用以普适性地指导企业的数字化转型实践。因此，这一研究需要从情境性外推到普适性，情境性要求采用现场扎根理论和组合案例研究等质性方法，普适性又需要调查研究等量化方法。

(3)探索性与应用性。本书是一项探索性与应用性相结合的研究著作，前5章以探索性为主，主要研究面向数字化转型的企业管理适应性变革理论、分析框架及变革机制、差异化路径与实现方式。从第6章开始则以应用性为主，致力于将所构建的数字化转型背景下企业管理适应性变革理论应用于指导本土企业实践并提出相应的政策建议。探索性的研究最适合的方法是质性研究中的案例研究、扎根理论等质性方法，而适用于应用性研究的仍然是调查研究等量化方法。

综合上述要求，本书在总体上采用质性研究和量化研究相结合的方法。具体实施过程中，主要采用现场扎根、组合案例等质性研究方法，主流的调查研究与二手数据收集法，以及情景实验模拟、虚拟仿真实现、行为决策建模等研究方法。

### 1.3.3 资料收集和数据获取

按照研究方法的设计，本书所需的资料主要有两种类型：一是质性研究中的文献资料、案例资料等，主要的收集方法包括访谈、观察、文本资料和文献查找；二是量化的数据，主要的收集方法是问卷调查法和二手数据收集法。

(1)本书中涉及的文献资料主要包括中英文期刊论文、中英文学术专著、中英文硕博论文、经济与管理领域专业类杂志、国家智能制造发展及产业政策等。首先，在中国知网(CNKI)、Web of Science(科学网引文索引类数据库)、ProQuest ABI(普若凯斯特商业信息全文数据库)等数据库中检索相关的中英文关键词，根据被引频次、发表时间对检索到的文献进行降序排列，通过细致检索，选取国内外优秀期刊上的相关文献作为参考资料。其次，通过图书馆查阅，获得与本书相关的经典书目和时事政策报刊，提高参考资料的多样性和完整性。此外，本书还利用了互联网查阅我国官方发布的数字化转型有关的政策、相关会议报告、政策纲领性文件、国家领导人发言等多种形式的资料以确保对面向数字化转型的企业管理(适应性)变革进行正确、完整的理解。在对多种文献资料的核心观点进行筛选、甄别、分类与汇总后，进行细致、深入的比较、分析和研究。

案例资料的收集方式包括单一案例长期跟踪研究和多案例比较研究。本书重点选择典型行业的代表性企业进行长期跟踪访谈，通过案例分析发现数字化转型背景下企业进行管理适应性变革的动力阻力因素、路径选择与实现方式。在案例选择与收集方面，注重对面向数字化转型的企业管理适应性变革实践中的成功案例和失败案例进行对比分析，并对调研时管理适应性变革开展比较顺利的企业和存在问题的企业两类企业进行比较，以确保多样化的案例收集能够在一定程度上避免“选择性偏差”问题。在案例的解读与分析中，重视目标案例所反映的实际情况与理论推断的比较：一方面，通过理论指导，从复杂性联系中抽象出更具代表性的企业管理适应性变革影响因素及其作用机制；另一方面，通过案例剖析，发掘中国本土情境下的新情况、新问题，并力图提出新的理论框架和概念模型，从而引导研究不断深入。

(2)本书结合大样本实地调查研究和客观数据收集两种方法，将一手数据和二手数据综合使用。在样本选取方面，拟收集全国典型行业的代表性企业的数据以更加全面、准确地阐释面向数字化转型的企业管理适应性变革的本质特征和总体规律。实地调研采用了问卷调查的方式，由每家企业的多名高管作为受访者分别独立完成。本书按照计划对典型行业的代表性企业进行两轮调研，即在首次调研结束后经过一定的时间间隔对目标企业进行一次完全相同的问卷调研，以构建具有较长时间跨度的面板数据。与此同时，依靠《中国统计年鉴》、《中国科技统计年鉴》、BVD亚太企业数据库、中国工业企业数据库、国泰安数据库以及企业和相关政府部门网站发布的文件资料等数据源获得二手面板数据。

上述多层面、跨时期、大样本、综合性的数据收集工作也是一个巨大的挑战，相比传统的单一层面、单一节点数据收集要付出更多的努力。尽管存在种种困难，但我们相信通过不懈的努力，一定能实现预期设定的目标，这也是驱使我们进行本书研究的一个重要动力。

## 1.4 本书的特色与创新之处

### 1.4.1 本书的特色

本书的特色首先体现在对中国本土化现象的关注以及解决本土企业面临的现实问题；其次体现在“归纳＋建构”全新研究范式的运用；再次体现在理论建构与经验验证两种范式并存，相辅相成且相互印证；最后体现在理论研究与应用研究并重，注重理论的实际运用和对实践的有效指导。

**1. 以关注中国现象、阐明中国问题、指导中国实践为宗旨的情境性研究设计**

当今全球管理学研究领域仍然是美欧主导的局面。虽然我们并不否认美欧等发达国家在近现代科学研究领域的重大贡献，但是我们也应该清楚地认识到欧美的理论体系与研究范式在中国这样的经济转型与社会变革背景下可能并不适用。况且从国家和民族的高度来看，我们的学术研究也应具有一定的独立自主性，这样在国际学术舞台上才能更有发言权、话语权和主动权。也正因为如此，近年来一大批本土及华人学者积极推动中国本土化理论研究。我们认为，数字化时代企业能否成功转型直接关系到中华民族的崛起以及在全球价值链中的位势攀升，因此，关注本土企业的管理适应性变革实践、构建适合中国国情和数字化时代要求的企业管理适应性变革理论并用以指导中国企业的实践，是本书的一大特色。

**2. 以“归纳＋建构”为方法论导向的全新研究范式**

本书力图打破传统的“借鉴西方理论、分析中国问题”研究范式在中国战略管理研究领域的长期统治，提出以新颖的“归纳＋建构”方法论为指导，通过调查、归纳，总结、提炼本土企业数字化转型背景下的管理适应性变革成功经验和失败教训，构建起数字化转型背景下企业管理适应性变革理论的初步研究框架；为了验证所提出理论框架的有效性和普适性，本书主要采用诠释主义研究取向，并在认识论上强调建构性、方法论上强调全面“扎根”立场的质性研究，并结合当前主流的定量化实证研究，从而逐步建构起一套面向数字化转型且体现中国特色的企业管理变革理论体系，同时希望运用这样一种研究范式得到真正有意义的管理知识图谱，以对中国企业管理研究起到一定的推动作用。

**3. 基于诠释主义的理论建构和基于实证主义的经验验证相结合的混合式研究方法**

近年来，基于实证主义的经验验证在管理学领域成为主流，甚至形成了一定的垄断之势。然而，这一普遍现象对管理学研究来说似乎并非总是有利。笔者和本书多名团队成员在过去的数年间大都以定量的实证研究为主要研究方法，我们深切感受到实证研究在理论验证方面的科学合理性，然而也认识到其应用范围的局限性。尤其是对于面向数字化转型的企业管理适应性变革这样新颖的研究话题来说，其基本原理尚不清晰，理论体系尚待完善，它的许多现象用传统的管理变革理论难以解释，甚至它在诸多方面对传统的管理变革理论进行了颠覆，因而难以进行验证性研究。基于此，本书在研究策略上计划整合基于诠释主义的理论建构与基于实证主义的经验验证，一方面以扎根理论、案例研究等质性研究方法为主，构建面向数字化转型的本土化企业管理适应性变革理论体系；另一方面结合量化的实证研究方法验证所提出理论的有效性和普适性。这种研究方式会在一定程度上兼顾理论的严谨性与相关性，也为未来管理学研究提供了新的范例。

**4. 以推动管理变革理论发展和以指导企业数字化转型实践为双重目标的整合性研究思路**

针对本土企业数字化转型实践中面临的管理变革问题和现有管理变革理论研究的不足，本书力图深入阐释中国企业在新的时代背景下进行管理变革的本质特征，揭示其内在规律，从而推动管理变革研究的进一步发展，同时兼顾对本土企业数字化转型成功的实践指导。理论研究方面，除了揭示数字化转型背景下企业管理适应性变革的理论、分析框架和运行机制外，本书也试图厘清数字化转型中企业管理适应性变革的路径及实现机制，构建以文化交融、协同决策、共同行动、动态反馈为指标的效能体系，阐明支撑企业管理适应性变革的生态支持系统与制度保障体系的构建与运行机制。应用研究方面，本书注重从全方位、多角度探索与比较数字化转型中企业管理适应性变革的新模式、新方法和新路径。同时，在实践上强调与国家政策紧密结合，为我国企业数字化转型提供有针对性的本土化策略与政策建议，从而有助于企业响应国家号召，为“智能制造 2025”、创新驱动发展等国家战略的落地生根提供有益的理论指引。

### 1.4.2 本书的主要创新之处

**1.聚焦我国企业数字化变革实践中的重大现实问题，助力解决数字化转型的“中国困局”**

近年来，由于云计算、大数据、人工智能等新一代信息技术的迅速发展并与传统行业实现快速融合，一场由数字化转型带来的产业变革正在蓬勃发展。虽然新冠疫情的发生给经济社会按下了“暂缓键”，但包括 5G 网络、大数据中心、人工智能、工业互联网、物联网为代表的“新基建”则又重新给经济社会按下了“快进键”，在此双重背景的交织下，我国企业迎来了数字化转型的“特殊机遇期”。然而，在一片叫好声中，我国数字化转型受制于现有管理模式的问题却日益突显，频频导致数字化转型失败。相关人士指出，企业数字化转型过程中 84%的努力是失败的，这一严酷事实带给我们巨大警醒，数字化转型并不仅仅是技术升级，而是技术与管理的有机融合，是面向未来形成强大的数字竞争能力的必由之路。鉴于此，本书旨在通过识别企业数字化变革实践中的重大现实问题，聚焦数字化转型背景下企业管理适应性变革的全过程，从企业数字化转型成熟度模型入手，系统研判数字化转型总体形势，深度剖析数字化转型的内涵特征，结合数字化原生企业、数字化次生企业和数字化预生企业三类企业的独特特征，设计差异化的管理适应性变革路径与实现机制，最后从数字化转型背景下管理适应性变革效能指标体系、制度保障体系和生态支持系统构建等几个方面提出保障对策，为数字化转型的“中国困局”开“药方”，以提升后疫情时代我国数字化转型的成功率。

**2.系统识别数字化转型情境下企业管理模式的全新变革需求，提出数字化时代基于交叉学科视角的管理适应性变革理论主张**

本书在系统识别数字化转型的“中国困局”及“适应性管理难题”的基础上，首先对我国企业数字化转型的内涵特征、驱动模式、动力阻力机制及发展方向进行了一系列定性和定量分析，以系统论分析视角识别出数字化转型的总体形势。在此基础上，提出数字化环境下企业管理适应性变革理论主张。该理论体系相较于传统的企业管理变革理论，展现出了其独特的魅力与深远的价值。一方面，它敏锐地捕捉到了当前企业数字化转型的汹涌潮流与时代特征，通过融合认知科学、决策科学、行为科学及控制科学等多学科的前沿理论与研究成果，对传统企业管理变革理论的适用性进行了全面而深刻的重新评估，为企业在快速变化的数字化环境中实现高效管理与持续创新提供了有力的理论支撑。另一方面，该理论体系深深扎根于中国实际国情，充分吸纳了中国本土企业在数字化转型过程中积累的宝贵实践经验。同时，它还深入考量了中国特有的制度环境与文化背景，力求在理论与实践之间建立起更加紧密的联系。在此基础上，该理论成功构建了一个既符合数字化时代背景又紧贴中国本土情境的企业管理适应性变革理论体系，为本土企业在数字化转型过程中实现管理变革提供了切实可行的路径与策略。这一理论体系的提出，不仅是对传统企业管理变革理论的一次重要革新与超越，更是对国家关于构建中国本土化理论号召的积极响应与践行。它旨在推动本土管理变革研究的持续深化与发展，为中国企业在全球数字化竞争中赢得更加主动的地位与优势、为实现中国经济的高质量发展贡献智慧与力量。

**3. 深度解析数字化时代管理适应性变革的层级特征，系统阐明企业面向数字化转型的多重变革机制**

以“认知—决策—行动—反馈”为要素的 ADAF 管理适应性变革理论表明，为保障企业数字化转型成功，企业应从价值观层、战略层、职能层、操作层等多个层级进行适应性变革。首先，企业的价值观是企业在运营过程中所推崇的基本信念，包含了企业员工对企业性质、目标、经营方式的共同认知，是企业文化的核心部分，建立“文化价值交融认知机制”可以提高企业文化与数字化转型的适应度；其次，虽然多数企业具有推行数字化转型的意愿，但因缺乏清晰的战略目标，以致数字化转型半途而废，因此，企业应立足于长远发展的战略高度，采用“探索开发协同决策机制”，制定具有指导性、全局性、长远性的战略目标；再次，数字化转型要求企业职能部门之间要有机动性及灵活性，且必须具备较高的协调能力，而传统的离散型组织架构制约了数字化转型的速度，建立“资源配置共同行动机制”能有效助力企业数字化转型成功；最后，传统的业务流程引起分工较细，步骤烦琐，造成了大量流程冗余现象，严重降低了数字化转型的速度和效率，因此有必要建立“流程再造动态反馈机制”，指导企业的操作层变革。通过阐明这四重管理适应性变革机制，本书将推动管理适应性变革理论的本土化应用。

**4. 分类构建“数字化原生企业”“数字化次生企业”“数字化预生企业”的差异化管理适应性变革路径，设计有针对性的实现路线图**

“数字化原生企业”“数字化次生企业”“数字化预生企业”都是数字化转型不可

或缺的主体。本书以这三类企业为基础，针对各自独属的数字化转型成熟度，创造性地提出三种数字化情境下管理适应性变革的差异化变革路径：①针对数字化原生企业的管理适应性变革需求，提出探索-开拓型路径及“内生驱动—前瞻布局—数字创新—生态重塑”实现路线图。②提出数字化次生企业的延续-改进型路径及“多点实验—快速推进—技术突破—协同共创”实现路线图。③提出数字化预生企业的颠覆-重构型路径及“文化先导—破立并行—信息升维—组织重构”实现路线图。依靠三类企业进行自主管理适应性变革，通过提升创新能力并整合国内外数字资源，能够快速推进企业数字化转型。

**5. 深度融合中国情境，建立数字化环境下企业管理适应性变革的效能评价与双元保障体系，有效推进数字化转型落地生根**

全球新一轮科技革命和产业变革加速推进，现代技术迭代不断加速，技术飞跃导致的企业管理不稳定性和不确定性增加，新技术研发、推广应用等也都存在很多难以预料和控制的管理问题，因此，科学评判管理适应性变革的效能成为重中之重。本书提出，既要强化数字化转型背景下管理适应性变革的问题意识，科学预见隐藏其中的风险挑战，细化管理适应性变革过程中的效能识别和评估方法，还要防范和化解管理适应性变革过程中可能存在的一系列难题。因此，本书比较全面地构建了数字化转型情境下管理适应性变革过程中的效能指标体系，并以此为基础提出相应的制度保障体系和生态支持系统的构建，以提升我国企业的数字竞争能力。

## 1.5 本书的内容结构及框架

本书针对中国企业数字化转型实践中的重大管理变革问题，采用交叉学科理论视角和混合式研究方法，构建面向数字化转型的企业管理适应性变革理论与分析框架，系统阐明企业面向数字化转型的管理适应性变革机制，针对原生企业、次生企业和预生企业在数字化转型中的不同驱动模式和动力阻力框架，分别构建相应的管理适应性变革路径及其实现路线图，建立有效支撑数字化环境下企业管理适应性变革的制度保障体系和生态支持系统。为此，本书内容主要包括以下几个方面。

首先，企业数字化转型现状、驱动模式与发展趋势研判分析，这是后续开展面向数字化转型的管理适应性变革研究的前提和基础，主要体现在第 3 章中。在调研、总结企业数字化转型的现状及内涵特征的基础上，区分不同成熟度等级的数字化企业类型，识别不同企业数字化转型的差异化驱动模式及动力阻力机制，以此为依据厘清数字化转型的发展方向及对各类企业的差异化影响。

其次，数字化转型情境下企业管理模式的适应性变革需求与变革机制研究，这是本书的重点研究内容，主要体现在第 4 章中。即在分析数字化转型中企业管理模式的变革需求以及识别传统管理变革理论面临的新挑战和新问题的基础上，构建基于数字化转型的企业管理适应性变革理论主张及分析框架，探究基于数字化转型的企业管理适应性四重变革机制。

再次，面向数字化转型的企业管理适应性变革路径与实现方式研究，这是本书的核心研究内容，体现在第 5 章中。该研究内容主要是基于数字化转型背景的企业管理适应性变革理论及以“认知—决策—行动—反馈”为要素的 ADAF 分析框架设计的，从不同类型的数字化企业的角度出发，深入阐明符合每种类型企业各自发展规律的关键路径与实现机制，以有效支撑企业面向数字化转型的管理适应性变革顺利进行。

最后，数字化环境下企业管理适应性变革的效能检验与政府-市场双元保障研究，这是最能体现中国情境和中国特色的研究内容，主要体现在第 6 章中。该研究内容主要以文化交融、协同决策、共同行动、动态反馈为效能指标，评价企业数字化转型过程中管理适应性变革的有效性，并结合中国独特的“政府与市场”双元情境，分别建立有效支撑数字化环境下企业管理适应性变革的制度保障体系与生态支持系统，为我国企业有效推行数字化转型提供完善的解决方案。

在此过程中，我们遵循“现象→本质→规律→理论→应用”的脉络展开研究，从企业数字化转型现状分析入手，探究数字化转型背景下企业管理适应性变革机制、路径与实现方式，揭示企业面向数字化转型的管理适应性变革本质特征与总体规律，在此基础上提炼出一套面向数字化转型且立足中国情境的、以“认知—决策—行动—反馈”为要素的 ADAF 管理适应性变革理论，用于指导数字化转型中企业的管理适应性变革实践。本书的研究框架与思路如图 1－3 所示。

(1)前期理论分析与研究准备。这部分主要对国内外研究现状进行系统回顾与细致评述，同时初步筛选出具有代表性的中国知名本土数字化企业管理适应性变革实践作为后续研究的样本与标的。

(2)总结现有理论与实践中的不足之处，寻找研究突破口并识别重点研究问题。对于本书的研究主题，须通过大面积访谈和大样本调研摸清数字化转型对企业的根本影响，深入挖掘数字化转型给企业带来的本质变化，厘清企业面向数字化转型的企业管理适应性变革实践中可能存在的问题与挑战；在此基础上确定本书的重点研究问题及相应的研究视角、研究方法等关键内容。

(3)混合方法并用揭示数字化转型背景下企业管理适应性变革的本质特征和总体规律。混合方法在这里指的是以现场扎根理论、组合案例研究等质性研究方法为主，结合定量式实证研究、比较研究方法和调查研究等多种方法。依次对面向数字化转型的企业适应性变革理论及分析框架、面向数字化转型的企业管理适应性变革的运行机制、面向数字化转型的企业管理适应性变革的实施路径、面向数字化转型的企业管理适应性变革的效能体系构建展开研究，在此基础上，系统识别企

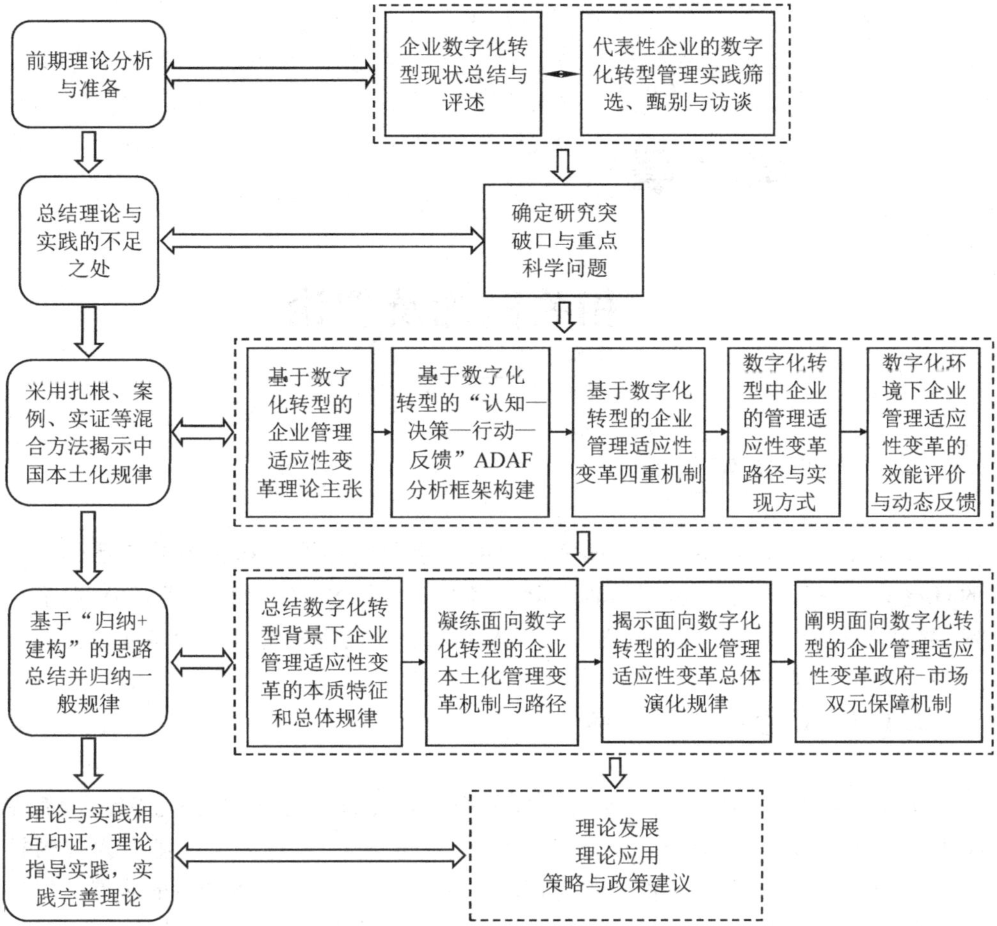


图 1-3　总体框架与思路图

业管理适应性变革的本质特征与总体规律，为构建基于本土情境的数字化企业管理适应性变革理论奠定坚实基础。

(4)基于“归纳＋建构”的研究思路完善理论。在深入把握数字化转型背景下企业管理适应性变革本质特征和总体规律的基础上，凝练相应的以“认知—决策—行动—反馈”为要素的 ADAF 管理适应性理论与分析框架，进而构建三类数字化企业管理适应性变革的路径及实现机制。在此过程中，现场扎根理论、机制设计、虚拟仿真实现、访谈调研等方法都是重要研究手段。

(5)理论与实践相互印证。即将本书的理论研究成果运用到企业的具体实践中去，以理论指导实践，在实践中检验理论；并以多种形式提出政策与策略建议，为本土企业面向数字化转型的企业管理适应性变革实践以及应对我国企业数字化转型过程中的管理适应性变革挑战积极建言献策并提供有针对性的智库建议。

# 第2章

# 相关概念及理论

## 2.1 企业数字化

近年来，随着世界主要发达国家掀起的数字化转型浪潮和我国对数字化转型的日益重视，有关数字化转型的研究愈发多见。目前的数字化转型研究中，数字技术、数字化定义、数字化转型的内涵特征及其对企业的影响等已有较多涉及。

### 2.1.1 数字技术的内涵

正如马克思在《资本论》中所讲："各种经济时代的区别，不在于生产什么，而在于怎样生产，用什么劳动资料生产。"如果说"手推磨产生的是以封建主为首的社会，蒸汽磨产生的是以工业资本家为首的社会"，那么，数字技术产生的必然是以数字企业家为首的社会。数字技术的广泛应用，增强了用户在市场中的地位和作用，用户价值主导成为企业创造与供给价值的核心理念。在数字经济下，信息的表现形式从原子转变为比特，数据驱动对企业的数字化赋能彰显了智力资本价值，加剧了替代式竞争，重构了传统的商业逻辑，推动着企业目标、治理结构以及内部管理的系统性转变（戚聿东 等，2020）。数字技术可以丰富企业的信息来源，改善信息获取能力。受益于数字技术的跨界连接属性，企业可以在线搜索各类信息资源，扩大搜索范围，增强搜索深度，助力企业获取更全面、更有价值的决策信息（李雷 等，2021）。

数字技术是指对数字信号进行采集、处理、传输和利用的技术（戴翔 等，2022）。Ustundag 等（2018）指出数字技术是利用现代计算机技术，把各种信息资源的传统形式转换成计算机能够识别的二进制编码数字的技术。Piccinini 等（2015）将数字技术描述为信息、计算、通信和连接技术的组合，如云计算、数据分析和移动技术。综合现有相关研究，数字技术的特点可总结如下：①基本单元电路简单。数字技术一般采用二进制表示两个稳定状态，其基本单元电路简单，对电路中各元件精度要求不高，允许元件参数有较大的分散性，对实现数字电路集成化十分有利。②抗干扰能力强。由于数码技术传递加工和处理的是二值信息，不易受外界的干扰，因而抗干扰能力强。③可大量保存。数字信号便于长期存储，使大量可贵的信息资源得以保存。④保密性好。在数字技术中可以对一些可贵信息资源进行加密处理，不易被窃取。⑤通用性强。数字技术可以采用标准化的逻辑部件来构成各种各样的数字系统，这些数字系统能普遍运用于数字化转型企业(杨慧玲等，2020)。上述数字技术的特征决定了数字化转型企业与传统企业在商业模式、产品创新和组织管理等方面存在很大不同。

### 2.1.2 数字化的定义

随着科学技术成果的不断创新与涌现，数字化的内涵与外部延伸意义都越来越繁杂，其基本含义囊括的词汇包括互联网技术、网络互联、移动支付、互联网金融等，由其衍生的词汇包括数字化时代、信息化时代、数字经济等(Sharief et al.，2018)。朱秀梅和林晓玥(2022)指出数字化是在大数据时代下产生的载体，是实现大数据的一种手段，它将许多复杂多变的信息，转变为可度量的数字。Cherry(2016)指出数字化可以直观展现数据，以数字和数据为基础组建适当的数字化模型，利用该模型将这些信息转变为一系列的二进制代码，直接引入计算机内部，最后由计算机进行统一化、规模化的处理，整个信息转换与处理的全过程就是现代社会中所称的实现数字化的方式。综合上述研究文献，数字化是企业应用数字技术改造升级传统的产品线、业务模式、运营方式和管理机制，让企业活动的整体架构重心发生转移，使其由物理空间向无形的信息空间转变，从而引起管理理论与实务发生根本性、革命性变革的过程。

### 2.1.3 数字化的特点

第一，数字孪生。物理空间的物质呈现转由数字化形式呈现，是数字化技术的一大特点(Adner et al.，2019)。数字化数据尤其是捕捉行为的数据，使得算法(机器学习、云计算等)变得空前重要，以算法方式而非以人工命令(如传统的描述性统计或假设检验的统计模型)的形式呈现和分析数据的能力，是区别于以往任何技术变化的重要特点。

第二，无限收敛性。数字化的基本特性是可重新编程性和数据均质性。这种特点使得普及的数字技术带来的创新将以前分开的用户体验汇集在一起。抖音、快手等平台使得无数的用户体验可以在同一时间汇聚，从而使以往的分散需求、体验和反馈突破空间限制而“收敛”到各自的数字终端。智能终端技术的发展又使得这种“收敛”进一步增强——单个智能终端可以汇集以往需要成百上千的机器、设备或产品才能完成的工作。基于此，产业的边界越加模糊，网红经济在各个产业扩散体现出的产业渠道“收敛”也是此特点的具体呈现之一。

第三，自我迭代性。数字化的一个显著特点是其会在众多变化无常且不具统一协调的受众群体驱动下自发产生技术变革。数字化时代技术和商业模式的迭代往往超出技术原有预定的轨道，更不能为人所预测，仅仅是在某种技术或模式被广大受众群体采纳之后才被称为“潮流”。这和数字化技术的天生动态性和无限延展性密切相关。正是因为其可重编程的性质，数字化技术表现出对组织形式和功能的延迟绑定——在设计和生产产品或工具之后再添加新功能。例如智能手机应用软件(App)和微信的小程序等。在此基础上，创新和服务就是“海量的”，它不受企业传统资源和能力的约束。例如，在建筑行业引入3D可视化工具大大改变了测量工程师的作用和范围，极大地增加了他们在建筑工程中测量定位点的数量，而这些创新又反过来影响了企业与这些工程师、业主和供应商之间契约关系和组织形式的管理。数字化技术的迭代性还体现在它留下了数量空前的数字痕迹，而这些数字留存为衍生性创新(derivative innovations)奠定了坚实基础。

## 2.2 数字化转型的概念与特征

### 2.2.1 数字化转型的概念内涵

在现有研究中，国内学者通常使用“互联网转型”“互联网+转型”“互联网化转型”等概念表达数字化转型的含义(谢康 等，2016；朱秀梅 等，2022)；而国外学者主要使用“数字化转型(digital transformation)”这一概念，常见的表述还有“digitization”和“digitalization”。严格来看，后者的内涵更加丰富，因而本书选用“数字化转型”这一表述方式。在现有研究中，不同学者对数字化转型的概念内涵理解也有不同。

(1)从技术角度分析。Gemini(2011)认为数字化转型是以技术为主导，利用数字技术从根本上提高企业的绩效，且数字技术的运用，可以消除行业内层级之间的数据壁垒，促进运行效率，以此来构建全新的数字经济体系。数字化转型的广泛定义涵盖了许多不同的技术，包含移动物联网、云计算、大数据、人工智能、移动互联网等关键技术，是各种技术的集合和范式，可通过信息与技术的融合促进现有企业数字化转型(Piccinini et al.，2015；Demirkan et al.，2016；Chanias，2017)。

(2)从思维层面分析。Berman(2012)则指出企业数字化转型是思维层面的转型，是通过重塑客户价值主张，使传统企业的价值创造和商业模式发生变化，促使企业在数字经济中不断提升自己的竞争力。Van Veldhoven 和 Vanthienen(2021)从宏观视角出发，认为数字化转型是数字技术的广泛使用带来商业和社会的各种变化。

(3)从转型内容分析。Horlach 等(2017)认为数字化转型是利用数字技术改造运营模式，包括销售和沟通渠道数字化、产品或服务数字化、战略数字化以及企业的交易模式、管理模式和生产方式数字化等(尹金 等，2020；Demirkan et al.，2016；Paavola et al.，2017)。石先梅(2022)认为，企业数字化转型侧重以下两个方面内容。一是企业生产技术的数字化转型，即互联网、大数据、云计算等数字技术在生产经营过程中的运用，包括数据的采集、存储、分析与维护，以及数字网络系统中心、数据预测模型、数据决策模型的构建，具体表现为智能机器人、数字化设备、智能 App 的应用。二是创新能力的数字化转型。数字化创新能力是随着数字技术与制造业的融合发展而形成的，数字化创新能力体现在企业研发强度、产品创新能力、有效发明专利数量等方面，新产品的销售收入占比在一定程度上体现出企业创新水平。

(4)从战略角度分析。Rogers(2016)认为企业数字化转型是一个升级战略思维的过程，虽然在这一过程中可能要升级企业 IT(信息技术)基础设施，但从根本上来说转型的过程与技术无关，而是与战略有关。张林刚等(2022)认为，数字化转型是企业基于数字化技术对战略与结构的再认知与再适应，旨在寻求组织在基础设施、商业模式和策略或者组织间关系等方面的根本性转变。

(5)从过程角度分析。Berghaus 和 Back(2016)认为数字化转型可以划分为转型提出与获得支持、创建转型基础、深入转型、经营转型、成为数字化转型企业等五个阶段。尹金和张原(2020)也提出数字化转型主要分为电子化阶段、信息化阶段和智能化阶段。朱秀梅和林晓玥(2022)基于过程角度，把企业数字化分为数字化、网络化以及智能化等多个阶段(如图 2-1 所示)。

综合上述学者的定义，数字化转型是对企业的组织方式、战略决策、生产流程、商业模式等进行的全方位变革，对企业的运营与发展具有根本性、颠覆性的影响。本书对数字化转型的内涵进行了整理，如表 2-1 所示。

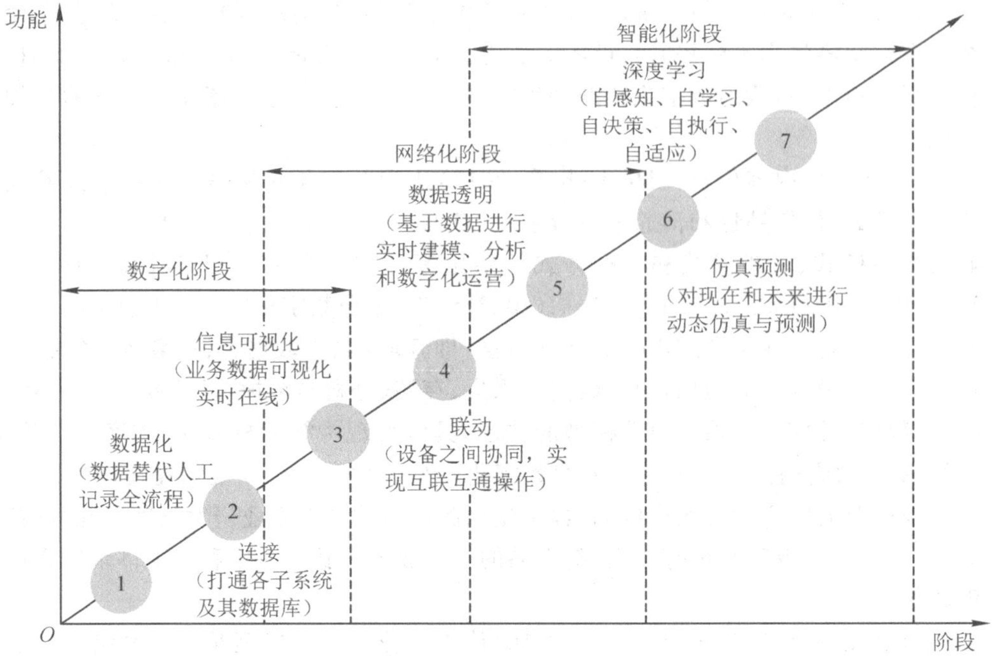


图 2－1　企业数字化转型阶段划分

**表 2－1　不同学者对企业数字化转型内涵的界定**

| 年份 | 学者 | 概念内涵 |
|---|---|---|
| 2011 | Liu 等 | 数字化转型是在数字经济中集成数字技术和业务流程的组织转型 |
| 2011 | Gemini | 数字化转型是利用技术从根本上提高企业的绩效或影响范围 |
| 2012 | Berman | 企业数字化是通过重塑客户价值主张和利用数字技术改造运营模式，以实现更大的客户互动和协作 |
| 2014 | Solis 等 | 数字化转型是重组或投资于新技术、商业模式和流程，以推动客户和员工的价值，使企业在不断变化的数字经济中提升自己的竞争力 |
| 2016 | Rogers | 数字化转型是一个升级战略思维的过程，虽然在这一过程中可能升级企业 IT 基础设施，但从根本上来说与技术无关，而是与战略有关 |
| 2016 | Ahmed 等 | 数字化转型是在组织内部及其周围使用数字产品、系统和符号等应用的一种新发展 |
| 2016 | Demirkan 等 | 数字化转型是指企业活动、流程、能力和模式的深刻和加速变革，以战略和优先的方式充分利用数字化技术带来的变化和机遇及其对社会的影响 |

续表

| 年份 | 学者 | 概念内涵 |
| --- | --- | --- |
| 2016 | Berghaus 和 Back | 数字化转型既包括以效率为重点的过程数字化,也包括以提高现有实体产品的数字化能力为重点的数字化创新 |
| 2017 | Hess 等 | 数字化转型是指数字技术给公司的商业模式带来的变化,这些变化会导致产品或组织结构的变化,或者过程的自动化 |
| 2017 | Leonard 等 | 数字化转型的成功不仅在于使用先进的技术和方法,尤其需要关注在组织方面的适应;数字化技术是一种手段,而不是目的 |
| 2017 | 邢纪红和王翔 | 企业"互联网+"转型促使传统制造企业的价值创造和商业模式发生翻天覆地的变化 |
| 2017 | Chanias | 数字化转型指使用高级 IT 如分析、移动计算、社交媒体或智能嵌入式设备,以及改进传统技术如企业资源计划(ERP),以实现重大业务改进 |
| 2017 | Legner 等 | 数字化转型描述了信息技术(IT)作为(部分)自动化任务的手段所带来的变化 |
| 2018 | Li 等 | 数字化转型强调了 IT 对组织结构、日常工作、信息流以及适应和适应 IT 的组织能力的影响 |
| 2017 | Paavola 等 | 数字化转型指使用新的数码科技,以改善营运和市场的主要业务,例如加强客户体验、精简运作或建立新的业务模式 |
| 2018 | 薛惊理 | 数字化转型包括三层含义:一是技术应用的"转换升级",二是与信息技术与业务管理的融合,三是传统业态下生产、运营、管理、商业等的"变革与重构" |
| 2018 | 郑卫华 | 制造企业的数字化转型不是进化型的各个业务流程的进一步完善,而是包括价值主张、运营模式以及企业组织方式、资源配置方式、研发模式、生产模式、营销模式等在内的全方位的变革 |
| 2019 | Vial 等 | 数字化转型是综合利用信息、计算、通信和连接性技术触发企业实体的属性发生重大变化,从而改进企业实体的过程 |
| 2021 | Van Veldhoven | 数字化转型是数字技术的广泛使用带来商业和社会的各种变化 |
| 2022 | 张林刚等 | 数字化转型是企业基于数字化技术对战略与结构的再认知与再适应,旨在寻求组织在基础设施、商业模式或者组织间关系等方面的根本性转变 |

### 2.2.2 数字化转型的特征

关于数字化转型的特征研究较为丰富。Lanzolla 和 Anderson(2008)认为从数字信息载体角度看,数字化转型具有多元化、便捷化、存储能力更大化特征,且不受空间、时间的限制,更加自由化。孔存玉等(2021)指出制造业数字化转型是信息化与工业化深度融合的重要体现,是“技术-经济”范式变革在制造领域的深化与应用,并从要素结构、生产方式、组织结构以及价值来阐释数字化转型的特征。石先梅(2022)认为,企业在数字化转型时可以参考以下标准:数字化设备的投入比例、企业员工的数字技术能力状况、数字化软件的应用深度、数据生产要素在企业运作过程中的地位、企业与数字平台公司联系的紧密程度以及企业数字网络系统的完善程度。郭洋玲(2019)通过传统企业的对比发现,数字化转型在现实层面具有生产方式数字化、管理过程数字化、产品形态数字化和传播渠道网络化等特征。Reis 等(2018)指出在数字化背景下,企业之间的竞争重心正从技术竞争、产品竞争、供应链竞争逐步演进为平台化的生态体系竞争,因此在过程中,数字化转型主要呈现平台化。陈春花(2017)认为当数据、协同、智能等要素碰撞在一起,数字化时代就具有非连续性、不可预测性和非线性思维的特征。通过细致的文献梳理,现有政策文件和研究文献大多认为,平台化、共享化、去中介化、去中心化、去物质化是数字化转型最典型的特征。

## 2.3 数字化转型的影响因素与动因

### 2.3.1 数字化转型的影响因素

就企业数字化转型影响因素而言,相关研究主要从工业互联网、区域政府治理、产业变革以及企业资源供给等视角展开讨论。马永开等(2020)指出,工业互联网已成为促进企业创新和数字化转型的关键引擎。王晨(2020)也指出,工业互联网平台的知识赋能功能,是通过对复杂工业知识的模块化封装增强知识流动性,促进其在海量平台用户中的快速传播和扩散,并通过对封装知识的模仿和复制,实现用户企业数字化基础水平提升。肖静华(2020)指出,管理适应性变革是企业突破工业化体系的路径依赖、构造数字化体系的新路径,是实现跨体系转型的关键。吴非等(2021)发现,地方政府通过科技扶持助益企业解决了数字化转型中遇到的资金困境;Verhoef 等(2021)、陈玉娇等(2022)认为,较高水平的产业数字化程度创造新竞争规则和市场需求,产业链中的企业为适应竞争环境,很可能采用数字化转型跟随策略以保障其竞争优势;宋晶和陈劲(2022)指出,借助社会网络资源,企业家能够快速捕捉最新技术、知识等信息来对接企业数字化建设需求。毛聚等(2022)指出,CEO(首席执行官)复合职能背景显著提升了企业数字化转型程度,且产出型职能背景更有助于提升复合职能背景CEO的积极效应,此外,CEO复合职能背景能提高企业数字化转型程度进而提升公司价值。

### 2.3.2 数字化转型的动因

综合现有研究观点和数字化发展动态,数字化转型的动因大致可以分为四个方面:

(1)谋求转型和促进发展。21世纪是一个急剧变化的时代,经济全球化、信息网络化以及数据资源化是这个时代的新特征。通过数字化转型,改变原有的生产、管理和销售模式,顺应时代发展特征,实现全面转型升级和持续发展,成为众多企业的必然选择(周青 等,2020)。

(2)形成企业的融合发展竞争力。资源和环境压力的增加、企业劳动力成本的上升及行业竞争程度的加剧,让企业无法适应快速变化的市场环境。传统企业只有进一步加快数字化基础设施建设,加大数字技术投入,提高经营能力,才能真正形成企业的融合发展竞争力,在快速前进的数字化潮流中占据上风(刘东慧 等,2022)。

(3)通过数字化转型打造创新驱动模式。企业在数字化转型过程中,人工智能、大数据等技术与其他领域学科交叉融合,成为新一轮企业创新的突破点。实体企业通过强化智能化成果应用,支持大数据技术开发,完善数字平台开发建设等活动提升企业创新水平,使得数据资源逐渐替代传统低价值贡献要素,成为推动企业利润增长的强大驱动力(张林刚 等,2022)。

(4)获得经济效益。在市场经济体系中,企业生存的最终目的是获得经济效益,而在数字经济飞速发展的当下,利用数字化转型实现经济利益增长成为众多企业的选择。据相关机构测算,在不考虑疫情影响的情况下,数字化转型可使制造业企业的营业收入增加22.6%,使零售业企业的营业收入增加33.3%,使物流服务业企业的营业收入增加33.6%。

## 2.4 数字化转型的模式与路径

### 2.4.1 数字化转型的模式

数字化转型模式是指在以商业模式为核心的视角下,企业利用全新数字化技术对产品、生产过程以及组织模式进行变革的标准化规范与体系(Matt et al.,2015)。建设企业数字化转型模式一般需要注意三类要素:一是客户体验。企业数字化转型需要充分吸收客户之声(voice of the customer,VOC),以提供对数字化转型的直接反馈(Horlacher et al.,2014)。二是设立基准(benchmark),这有利于企业利用利益相关者的反馈及时调整自身的转型战略(Albrecht,2015)。三是外部输入与影响。客户、同行业竞争者等不仅能给企业提供数字化转型的反馈,他们自身也是企业转型模式创新的重要来源(Wulf et al.,2017)。

文献中,学者们从不同的角度提出了多种不同的数字化转型模式。Bharadwaj等(2013)指出,企业的数字化转型共有技术运用转型、价值创造转型、组织结构转型、财务金融转型等四种模式。王小林和杨志红(2022)分别从动力变革、效率变革和组织变革三个方面展开对高质量发展视角下企业数字化转型的机理分析。他们指出,企业数字化转型促进高质量发展的机理,主要表现为三个方面:一是通过数字要素的替代效应促进企业发展的动力变革;二是通过数字技术的渗透效应,提升企业生产效率并引发企业技术进步,通过平台的网络效应,进一步促使企业全要素生产率提升,引发企业效率变革;三是通过数字技术与数据交互带来的融合效应,降低内部管控成本和外部交易成本,以及客户充分参与的融合创新,催生企业组织和产业组织变革。郭洋玲(2019)指出中文媒体数字化转型遵循"培育新型人才,更新管理机制""打造新业态""推动文化与科技融合""明确读者需求,建立运营新渠道"的运作模式。易文(2019)指出某城商业数字化转型主要以"建立差异化""提升业务数字化能力""加强数字化组织保障"为转型模式。刘婉(2019)指出制造企业数字化转型的三种模式:稳态更新模式、组合更新模式、标记更新模式。综合已有研究,本书认为数字化转型模式大致呈现基于技术、用户和市场变化进行业务能力、管理机制和文化认知等企业职能转变的模式。郭高晶和朱峰(2022)从政府层面讨论了数字化转型的模式,他们指出,通过培养数字化动态能力,充分把握数字技术提供的赋能机会,实现数据融合、业务融合和职能融合,从而构建一种纵向到底、横向到边的整体性政府,成为政府自我革新的可行模式。

### 2.4.2 数字化转型的路径

数字化转型路径是指企业实现数字化转型的具体商业运作方式与框架。现有文献对数字化转型路径研究集中在三方面:一是数字技术获取路径,或称为技术供给路径,集中解决企业如何获取数字化转型所需要技术的问题(Grover et al.,2013);二是基础设施建设路径,主要包括如何将数字技术与企业管理实践相结合,打造数字化转型硬件与软件体系(Teubner,2013);三是资本获取路径,是指企业为数字化转型进行融资、保障企业财务安全的方式(Stephen,2014)。

安家骥等(2022)指出，从组织变革视角看，制造业企业数字化转型可以通过产业布局的战略性变革、研发部门的结构型变革、生产销售的流程主导变革和以人为中心的变革等路径来实现。为进一步推动我国制造业企业数字化转型，在战略端，应搭建以优势企业为核心的产业链生态协同平台；在结构端，要培育行业创新生态，强化对制造业企业创新的财税保障；在流程端，要大力推广以数字驱动的柔性生产新模式；在人才端，要一体推进研究导向型与应用实践型人才培养。郭洋玲(2019)指出，数字化转型历程主要分为三个阶段——探索、起步和全面增长时期，根据不同阶段的发展需求，其具体路径不同。李煜华等(2022)提出先进制造业数字化转型的四条路径：技术-组织主导型、技术-组织-环境协同主导型、技术-组织主导环境协同型、组织-环境主导型。Verhoef 等(2021)提出企业进行数字化转型不仅需要引进数字技术对企业进行改造，还要采用与企业相适应的新的商业模式。张林刚等(2022)则指出，由于对传统知识的路径依赖，组织学习会使企业强化对传统知识的路径依赖，阻碍企业的数字化转型。因此，企业不仅要学习新的知识，还要抛弃过时的旧知识，提升企业数字技术知识的储量，提高企业从外界学习数字技术知识的速度，增强企业的数字化转型能力。尹金和张原(2020)指出数字化转型存在“重构企业管理的思维模式”“分阶段实施数字化转型”和“加强数字化文化的建设”的路径。易文(2019)指出，某城商行实施“运营系统科技化”“网点建设智慧化”“业务渠道多元化”“信息产品多样化”路径。杨波(2017)从厂商、经销商、门店和物流四个方面入手，构建了分销渠道数字化转型路径。综合已有研究可以发现，企业数字化转型通常会经历“塑造数字化认知”“构建数字化平台”“实施数字化管理”“保障数字化运营”等几个步骤。

## 2.5 数字化转型的范式与影响

### 2.5.1 数字化转型的主要范式

当前，我国数字化转型的主流范式主要有工业互联网、产业互联网、智能制造、反向制造等四种。对这几种范式进行综述，本书发现其普遍缺乏对企业实践与管理适应性变革难题进行关注与理解。

**1. 工业互联网**

工业互联网是制造业企业实现数字化转型的重要范式(张伯旭，2016)。源自德国工业 4.0 和美国工业互联网，我国工业互联网的相关概念和内涵也在不断发展成熟。王喜文(2015)认为，工业互联网由智能设备、智能系统、智能决策三大要素构成。王晨等(2020)提出，工业互联网架构包括平台的基础设施服务、工业平台服务以及工业软件服务。当前,虽然工业互联网平台正逐渐成为产业数字化发展的聚焦点和关键动力,但在实践中仍处于探索建设阶段。工业互联网建设对企业数字化转型的意义重大。德国工业 4.0 在理念上强调制造业在经济发展中的本体地位。工业互联网助力制造业产业链各个环节提升效率,彻底改变了传统产业的商业模式。工业互联网平台推动着生产方式向数字化、网络化、智能化转型,也带来了基于智能制造和工业大数据的商业模式创新。中国有着全球最大的制造规模、最旺盛的市场需求和最完备的互联网生态,将先进的数字技术加快融入传统制造领域,能够带动传统企业实现转型升级(周剑 等,2019)。同时,通过数字化转型提升制造业生产效率,实现制造业的数字化、网络化、智能化是工业互联网最终要实现的目标。

**2. 产业互联网**

腾讯等一些互联网企业提出了"产业互联网"的观点。我国消费互联网企业的数字化水平领先世界,尤其是随着数字经济的发展,一些传统企业开始采用互联网等技术改进业务流程。整体而言,相对于德国的先进制造优势、美国的互联网创新优势,中国企业完全有可能把这两者结合起来。腾讯研究院提出,产业互联网发展模式必将不同于消费互联网,但协助传统企业进行数字化转型的模式还在探索之中(腾讯研究院 等,2017)。

目前,国内外学术界、产业界关于"产业互联网"这一概念的定义还未明确统一。有学者认为,"产业互联网"更多是新闻、政策性质的,尚无统一定义(余菲菲 等,2018)。任兴洲(2015)认为,产业互联网相对于消费互联网,是以生产者为用户对象的概念。谭清美等(2017)则表示产业互联网有智能化、网络化、全球化、价值性、功能性和效用性等特征。腾讯研究院等(2017)提出,产业互联网将从人与人的连接扩展到了不同企业间、企业内部的连接。陈春春(2018)认为,产业互联网对产业链和价值链进行了重塑和改造。中国电子信息产业发展研究院(赛迪研究院)等(2020)指出,产业互联网使传统产业能够借力数字技术,从供应链各环节切入,以网络平台模式对信息、资源和资金进行整合。产业互联网是以数据为核心要素的智能生产和服务网络体系(李晓华,2019)。相对而言,产业互联网的支撑技术更广泛,不仅包括传统互联网,也包括云大物智移等新一代数字技术;并以实现万物互联为基础,利用大数据、人工智能等新一代数字技术进行分析、决策、优化,从而使产业发生深层次的改变。虽然定义各有不同,但这些范式的本质有共同性。本书认为,产业互联网等表述只是从不同的视角观察数字技术与实体经济融合发展的技术范式。结合国内外学者对产业互联网的研究,可以说,数字技术与实体经济融合发展的实质就是将云计算、大数据、人工智能等数字技术应用于各种产业场景,重塑产业链、价值链甚至价值网络,在数字技术赋能下提高产业效率。

**3. 智能制造**

中国工程院提出了智能制造的发展范式。智能制造是以新一代人工智能为通用目的技术，打造以深度学习、跨界融合、人机协同、群智开放、自主操控等为新特征的制造模式。中国工程院认为，可以从技术范式、价值形态、生产组织三个维度构建智能制造体系；三个范式既递进升级，又相互交叉融合（国家制造强国建设战略咨询委员会，2017）。技术范式维度包括数字化、网络化、智能化三个基本范式；价值形态维度主要包括产品、制造和服务等三个方面，体现了价值创造领域的拓展；生产组织维度主要包括智能工厂、智能企业和智能生态三个层次。与工业互联网和产业互联网的观点类似，智能制造也强调利用数字技术改善企业的价值创造、生产运营、管理流程等，对传统制造模式产生了颠覆性影响（周济，2015；卫思宇 等，2015）。智能制造的基础设施是"工业智联网"，其近似于工业互联网的概念。工业智联网驱动智能制造——提供智能产品、智能生产、智能服务（吕文晶 等，2019）。基于智能制造范式，工厂内实现"信息物理系统"，工厂间实现"互联制造"，工厂外实现"数据制造"（王喜文，2015）。由工业智联网连接起若干企业智能制造及社会价值链条，使得智能产品、智能制造过程、智能服务等各产业链环节的企业可以实现信息共享、系统集成与资源优化配置（周济，2015）。卫思宇等（2015）在总结智能制造的本质特征和发展趋势的基础上，认为智能制造代表着未来我国先进制造发展的主要范式和方向。

**4. 反向制造**

反向制造，也称用户直连制造，即 C2M 模式（customer to manufacturer）。刘晓辉和任群罗（2021）认为，C2M 模式可以基于数字技术实现按需生产，实现供需精准匹配。C2M 模式将生产者和消费者直接对接，采用订单式营销方式，迎合消费者的个性诉求，实现产品零库存。这种模式是大型数字化平台和中小企业合作的产物，大型互联网企业具有强大的数字能力，中小企业则缺少相关资源，包括软硬件设备不足，以及专业人员缺失。中小制造企业可以直接入驻大型平台，在电商等平台的支撑下，实现供与需、产与销的精准匹配。例如，拼多多平台就是 C2M 模式的代表，以主打低价高质产品为特点，平台上聚集了全国众多的产业带工厂，把个性化定制的产品提供给消费者。因此，网络化的中小企业产业集群是 C2M 模式塑造出的产业带新形态（张卫华 等，2017）。基于 C2M 模式构建数字化的虚拟集群，需要发挥龙头企业、网络平台等为中小企业所依赖的核心平台或枢纽作用（王如玉 等，2018）。例如，电商平台可以帮助中小企业获得需求数据，决定生产的产品种类和生产数量（戚聿东 等，2021）。与传统制造产业相比，C2M 模式能够去除中间环节，精准匹配供需，众多中小企业围绕平台而开展紧密合作，形成虚拟聚集（刘晓辉 等，2021）。C2M 模式的核心是利用平台电商的数字技术能力，使中小企业通过平台赋能，实现数字化转型。

综上所述，虽然这四种范式的侧重点有所不同，但都是为了抓住新一轮科技革命和产业变革机遇，不断利用数字技术提升生产效率，探索面向未来的数字化发展新模式。

### 2.5.2 数字化转型的影响效应

数字化带来的影响是全方位的，国家、产业、企业、个人等各个层面在数字化时代都面临着新的变化。

**1. 国家层面**

目前，数字化的浪潮席卷全球，数字化转型迫在眉睫，对中国这样的发展中经济大国来说，数字化转型之于国民经济、国家稳定的意义尤为重要。例如，2018年，国务院发展研究中心与戴尔联合发布的《传统产业数字化转型的模式和路径》研究报告指出，数字化转型是目前我国社会经济发展的新阶段，数字化不仅能推动经济可持续发展，而且能带动传统产业转型升级，对整个社会转型发展有一定的促进作用。何文彬(2021)分析了数字化转型对我国制造业全球价值链攀升的影响机制，指出对不同知识技术密集度的制造业部门，数字化转型效果存在较大差异。王和勇等(2022)从效益提升、创新驱动和绿色发展三方面构建区域制造业数字化转型评价指标体系，指出我国制造业数字化转型水平整体呈现上升态势，但区域间发展极不平衡，总体处于“东高西低、梯度分布”格局。郭高晶和朱峰(2022)也指出，当前，数字技术的飞速发展和深度应用已经成为政府外部环境不可忽视的重要组成部分。在数字技术赋能下，政府应该整合、构建以及重新配置组织内外部资源，实现全方位数字化转型的能力。

**2. 产业层面**

在数字化转型背景下，各个行业生产方式与竞争生态发生了革命性变化。谢康等(2016)认为，数字化转型使传统企业转向一个全新的市场环境，缺乏成熟、可借鉴的模式。对于金融业而言，易文(2019)指出数字化转型已经成为各家金融机构的共识。对于出版业而言，郭洋玲(2019)指出在数字化转型下，媒介融合不断加深，促使信息的传播介质发生变化。对于制造业而言，安家骥等(2022)认为企业数字化转型能够拓展新的发展空间，催生以需求为中心的商业理念、模式和业态，但同时需要更为高效的创新、研发流程和更多的复合型人才。赵宸宇(2022)指出，数字化转型可以显著促进劳动力就业，已经成为数字经济时代扩张劳动力需求、拉动就业的强劲驱动力。具体而言，数字化转型可以通过市场规模效应、经营范围效应和生产率效应三条途径促进劳动力就业。

**3. 企业层面**

对于企业来说，数字化带来了提高生产力和灵活性的可能，同时帮助开拓新的市场。倘若企业未能成功进行数字化转型，或者未能找到适合数字化时代的商业模式，那么他的企业将失去竞争力，因而数字化变革使企业竞争变得愈加激烈。具体包括三个方面：①经营运作方面，有学者分析了数字化转型对企业协调运作的影响。Maedche(2016)指出数字化转型要求组织具有敏捷性，要求企业具备较强的协调能力。韦庄禹(2022)研究了城市数字经济发展对制造业企业资源配置效率的影响，指出数字经济发展显著提升垄断性行业内企业的资源配置效率，但对竞争性行业内企业资源配置效率的影响不显著。侯光文等(2022)指出，随着数字化技术的不断发展，数字化转型成为促进先进制造业高质量发展的重要途径。企业外部成长环境日益复杂，整合内外部资源提升适应动态能力在企业数字化进程中扮演着重要角色。数字化有利于促进企业创新模式的敏捷调整和灵活切换。此外，还有学者指出数字化转型在促进企业分工(袁淳 等，2021)、企业技术创新(张国胜 等，2022；姜英兵 等，2022；邱洋冬，2022)，提高企业投资效率(李雷 等，2022)、创新绩效(王锋正 等，2022)、生产率(Verhoef et al.，2021；赵宸宇 等，2021)等领域也会产生巨大影响。②文化冲击方面，Fitzgerald 等(2014)指出为了使现有企业能够顺利进行数字化，它们必须改变企业文化。Karimi 和 Walter(2015)发现企业数字化转型的能力是建立在创新文化、共同语言和多媒体思维模式等变量的组合之上。Hartl 和 Hess(2017)也明确提出数字化转型带来的冲击要求核心组织的文化发生改变。③冒险精神构建方面，Dremel 等(2017)指出，在规模化地使用数字技术之前，需要组织具有集体的冒险精神。Andriole(2017)指出组织层面现有的资源和能力可能是实现数字化转型的障碍。当然，数字化转型也会增强企业竞争优势，提升企业能力，转换企业价值创造过程(Barrett et al.，2015；Wulf et al.，2017；Klötzer et al.，2017)。

**4. 个体层面**

数字化转型还将对领导力、员工角色和技能等提出新要求，造成人才缺乏。Singh 和 Hess(2017)、Haffke 等(2016)指出很多公司已经确立了首席数据官(CDO)的角色，负责数字化转型业务，组织的领导者必须努力确保他们的组织发展数字思维，同时能够应对使用数字技术带来的冲击。Bekkhus(2016)指出，为了成功管理数字业务转型，首席信息官(CIO)将需要新的管理技术来支持组织的规范——具有挑战性和创新性的学习能力。Colbert 等(2016)指出，在数字化环境中，组织结构和文化的变化导致员工承担传统上不属于他们职责范围的角色。Dremel 等(2017)也认为，数字化转型要求员工更多地依赖自己的分析技巧来解决日益复杂的业务问题。李雷等(2022)指出，在数字化技术的支持下，管理者的投资决策更多源自数据的定量分析而非主观判断，这不仅可以缩减管理者的自由裁量权、约束管理者的机会主义行为，而且还能降低管理者在投资过程中的职业顾虑，实现投资决策的科学化和合理化，进而提高企业投资效率。上述企业数字化转型对领导者和员工的新要求导致了大部分企业面临人才缺乏的困境。

## 2.6 企业管理变革

国内外学者对企业管理变革研究比较广泛，主要涉及管理变革的概念内涵、维度构成、研究理论基础、模式和方法等方面。

### 2.6.1 企业管理变革的概念内涵

Kotter(1973)认为，当企业成长迟缓、内部不良问题产生，且无法应对经营环境的变化时，企业必须做出管理变革策略。Webber(1979)认为管理变革是改进组织的政策结构或是改变人们的态度或行为，以增进组织绩效的过程。随着技术的飞速发展，企业面临的变革困局进一步变化，Venkatraman(1994)提出人工智能对企业组织管理、盈利能力、市场竞争能力等方面的拉动作用日益增强，企业对人工智能技术的采用，使其能够对企业生产经营各方面造成不同形式和程度的影响，并将进一步带动对企业管理理念、经营模式、经营管理理论的深化和发展。与此同时，学者们开始思考企业推行管理变革的具体成因，Nadler 等(1995)认为管理变革主要由技术创新、法律法规的变化、市场及竞争力、组织成长、宏观经济趋势和危机、产品生命周期与产业结构变换等外部不确定性因素引起。Tushman 和 O'Reilly(1996)认为管理变革是环境引发的一种必然的组织演进活动，产品和组织生命周期不同阶段的主导环境因素和特征是组织变革的主要动力。逯笑微(2010)认为管理变革的动力可分为技术、产业变迁、国际贸易、企业、政府、人口驱动等外部力量以及组织结构、组织流程、人员行为等内部力量。由此可见，现有文献尚未对管理变革这一关键概念形成统一的定义，其内涵也被从多种视角解读，这在促进未来研究多样性的同时，也会导致研究结论难以比较和统一。

### 2.6.2 企业管理变革的维度构成

现有文献对管理变革的维度进行了广泛的研究，其中文化变革、战略变革、组织结构变革和业务流程变革是被广泛识别的重要维度构成。

**1. 文化变革**

1970 年，美国学者戴维斯首先提出组织文化这一概念，指出组织文化是组织全体成员共同接受的价值观念、行为准则、团队意识、思维方式、工作作风、心理预期和团体归属感等群体意识的总称。随着我国开始实行改革开放，我国企业文化的发展经历了由自发借鉴西方企业文化理念到提出符合我国国情的企业文化理论的过程。徐鹏航(1989)认为企业文化是企业在创建和发展的过程中形成的，能够体现企业特色的思想意识、道德观念、行为方式和价值目标的总和。随着人们对企业文化研究的加深，学者们提出文化变革是企业发展道路上至关重要的一环。肖智星和陈春花(2001)提出文化变革包括改变企业员工的构成、调整现有组织架构、宣传新的文化理念、改进企业各项管理制度等方面。陈春花(2014)提出，企业要想通过文化变革提升核心竞争力，就必须将企业的价值观和宗旨转变成员工的行为模式。

**2. 战略变革**

在 Rumelt(1974)提出战略变革之后，这一概念被引入为管理学研究并成为其重要分支，但到目前为止，对于战略变革还没有形成一个广泛接受的定义，Ansoff(1977)将战略变革与文化变化、组织结构变迁、管理系统升级相关联；Andrew 等(1995)认为战略变革问题的关键在于组织如何与外部环境相适应。还有学者对战略的持续性存疑，Mintzberg(1987)认为企业当前的状况和实施战略的时间是其决定是否改变战略的重要因素。其后，魏斯曼(2001)提出战略转型概念，包括基于核心业务的战略转型和基于资源和能力的战略转型两种模式，能够决定企业的生存与发展。

**3. 组织结构变革**

国内外众多学者对组织变革进行了系统研究。Michael(1982)认为组织变革是组织为适应环境变化而进行的调整过程。Kotter(2003)认为，组织变革要求组织根据内外部条件有目的、有计划地调整组织要素、具体环节和组织结构。Leavitt(1965)提出钻石结构模型，从组织结构、组织技术、组织目标和组织人员四个维度对组织变革进行了阐述。Vollman(1996)提出强制变革模型，通过建立矩阵模型详细分析了组织变革成功的影响因素。齐振宏(2002)认为应以人为本，把战略、业务流程和人员的变革纳入组织变革的范畴。芮明杰等(1998)将组织变革定义为构成企业的各种要素及其关系的变化。此外，学者们采用多种理论对组织结构变革进行了分析。权变理论提出，企业管理者要视内外部条件变化而进行改变，确定企业组织要素、具体环节、组成结构甚至发展战略等方面的变化。企业流程再造理论指出，在新的环境条件下，企业需要以流程再造为核心，从根本上改变企业运营模式和方法(Hammer，1990)。复杂性组织理论认为，企业的组织变革取决于企业对自身所处生存环境变化的调整适应能力。

**4. 业务流程变革**

Hammer(1990)通过对美国企业的调研结果发现，数字技术在企业中的应用一开始能很明显地为企业带来竞争优势，但是随着企业的进一步发展，数字技术对绩效的提高是有限的，一个可能的原因是业务流程管理存在问题，于是，他们创造性地提出业务流程再造的思想，认为企业不应该往过时的流程里嵌入计算机系统，而应该抛弃旧流程，“再造”新业务。Ali 等(2015)也有相同的发现，提出要通过业务流程变革来实现信息技术投资的最大回报。刘冠鸿和孙杰(2015)、袁彩云(2022)等学者研究了企业数字化对企业业务流程变革产生的影响，他们认为我国企业数字化失败的例子并不少见，一个根源性问题在于没有彻底改变传统的工作流程和工作方式。

### 2.6.3 企业管理变革研究的理论基础

现有研究提出了一系列理论来阐述管理变革问题，这些理论分别从不同的角度对管理变革现象进行了分析和解释，得出了一些有益的但并不融合的研究结论。

**1. 演化经济学**

演化经济学的理论视角是管理变革的根基理论，对管理变革研究具有基本的指导意义。近年来，学者们逐渐意识到，组织与外部环境是共生演化的，不能仅将组织视为对环境的简单适应，而不考虑环境变化对组织行为的影响。演化经济学通过强调环境与组织行为间的演化机制(刘志高 等，2007)，探究适应而非理性行为，对惯例变革和创新等行为十分关注，因而适合对管理变革现象进行深入分析(Volberda et al.，2003)。

**2. 间断平衡理论**

间断平衡理论是管理变革的关键理论，该理论是 Gould 和 Eldredge(1972)以达尔文进化论中的种族渐进主义思想为基础，探究“生物在经历偶然、快速和离散化事件扰动后如何保持自我平衡”的新理论(杨超 等，2016)。其后，Tushman 和 Romanelli(1985)将间断平衡理论应用于组织演化研究中，认为组织会在长时间平衡态中受到相对较短的突变态扰动后进行演化。Gersick(1991)认为组织构成存在异质性，而这种异质性可以控制组织与外部环境之间的资源交换。Beugelsdijk 等(2002)以及 Rutherford 和 Buller(2007)分析了组织间断平衡演化的态势秩序及拐点，认为组织的大规模变化是剧烈的、非连续的、低频并且可见的(Dekkers，2005)。

**3. 制度创新理论**

制度创新理论也是管理变革的核心理论之一。1971 年，美国学者诺思等人研究了制度变革的原因和过程，提出了制度创新理论，指出制度创新是由于在现存制度下出现了潜在获利机会，但由于种种原因，这些潜在的利润无法在现有的制度安排内实现，致使有些人为了获取潜在利润而率先来克服这些障碍，制度变革由此产生（North，2013）。

**4. 双螺旋理论**

欧博管理咨询公司的创始人提出管理变革双螺旋理论，认为企业的管理变革都是建立在多重要素交替螺旋上升的变革过程中，通过多个步骤最终实现全方位的企业管理变革。

### 2.6.4 企业管理变革模式

现有文献认为，管理变革主要包括渐进式变革模式、激进式变革模式和连续式变革模式。理查德·L. 达夫特（2003）提出渐进式变革模式，它是指对现有组织设计的逐步改进和完善，通过不断挖掘组织潜能，加强组织的现有优势。姜晨和谢富纪（2008）认为，渐进式变革是对组织形态进行小幅度的、持续性的修改和完善，达到解决组织问题或提高组织效率的目的。同时，理查德·L. 达夫特（2003）还提出了激进式变革模式，即打破组织现有的运行规则，为整个组织带来巨大的改变的变革模式。姜晨和谢富纪（2008）认为，激进式变革通过调整或大幅度变动现有技术，改变既有的许多组织特征，从而实现组织价值。此外，Shona 和 Brown（1997）提出“连续变革”模式，即组织会产生“适应加速”的现象（Kathleen et al.，1995）。张敬伟等（2020）指出连续变革使组织呈现出即兴发挥、自组织与互动性适应等特征，致使组织在连续变革中不断被重构，从而获得长期适应性。

### 2.6.5 企业管理变革方法

现有文献中学者们提出了多种管理变革方法，主要包括卢因（Lewin）变革方法、卡斯特（Kast）变革方法和科特（Kotter）变革方法。1951 年，美国学者卢因提出了卢因变革方法（Lewin，1951），这是一个包含解冻、变革、再冻结等三个步骤的有计划组织变革模型，用以解释和指导如何发动、管理和稳定组织变革过程。卡斯特和罗森茨韦克提出了卡斯特变革方法（Kast et al.，1973），指出实施组织变革需经过审视状态、觉察问题、辨明差距、设计方法、实行变革、反馈效果等六个步骤。科特提出了科特变革方法（Kotter，1973）并制定了一个指导改革的八阶段流程：建立紧迫感，创设领导联盟，开发愿景与战略，沟通变革愿景，授权员工为远景而努力，系统计划并夺取短期得益，巩固并再接再厉推动组织变革，将新行为模式深植于企业文化。通过上述方法，企业可以更容易实现管理变革的成功。

### 2.6.6 数字化转型与企业管理变革

侯本旗(2022)指出,数字化转型是各行各业加快质量变革、效率变革、动力变革的必然趋势,也是拥抱未来的主动选择。数字化转型也绝不是复杂技术的堆砌,其实质是组织变革与管理创新。只有坚持战略引领,以管理变革驱动数字化转型战略,才能使产生的新技术通过应用,催生出新产品、新模式、新业态,对既有产业形成冲击并重构产业竞争格局。李志华(2022)指出,随着社会的发展,科学技术的进步,“互联网+”已经成为当今社会发展的宠儿,将“互联网+”各个行业进行结合,让管理者在“互联网+”的时代背景下提升专业管理素养,进行管理变革已经成为时代发展的关键之所在。林新奇和石嘉伟(2022)认为数字经济与管理变革之间具有相互促进的关系,且这种作用机制是层层递进的,并指出数字经济正在重塑过去的商业逻辑,进而引发管理活动的全方位变革。此外,他们根据管理变革扩散的阶段和层次,将数字经济促进管理变革的研究划分为四个层面的内容,即管理技术层面、管理机制层面、管理制度层面和管理观念层面。

## 2.7 数字化转型带来的企业管理变革

### 2.7.1 人工智能挑战人力资本

数字化革命也被称为第四次工业革命,至此人们开始进入智能时代。这一轮革命与以往最重要的区别在于,过去所有的技术革命都是淘汰生产资料,而这一轮技术革命开始淘汰人这一生产力。现有研究一方面承认了数字化变革大幅度提高了企业相较于市场在配置效率上的先进性,另一方面也开始探讨数字化对传统工作模式与人力资源的威胁与挑战(Arntz et al. ,2016)。

首先,人工智能(artificial intelligence,AI)对人力资本的替代成为重要的研究话题。智能算法的纯粹理性与高计算能力已经使其在许多情况下成为优于人类的潜在决策者,AI 对管理者的控制权与决策权产生了挑战。其中,一些研究致力于开发与优化人工智能决策的模型。Masuch 和 LaPotin(1989)提出了一个利用人工智能进行决策的模型,该模型能够同时考虑决策成员互动、成员能力、成员行为、问题及结构等因素。模拟结果显示结构化组织中的决策可能与组织的无政府状态下的决策一样混乱。人工决策与算法决策可靠性的比较也引发了广泛的探讨。Shrestha 等(2019)基于 5 个维度对比分析了人工决策和 AI 决策的异同,并据此提出 3 种能够将两种决策方式结合的框架:全权委托给 AI 进行决策、混合人-AI 及

AI-人的顺序决策、聚合的人-AI的决策。研究发现，对于多数管理者而言，算法决策过程仍是一个黑箱，他们需要为算法决策的结果负责，这成为阻碍管理者对算法授权最重要的考量，因此大多数管理者仍将自己决策作为首选。剥夺管理者对算法决策结果的责任是不可取的，这意味着管理者控制权与权力的完全转移。还有研究在不同文化背景下对算法决策的边界条件进行了研究。基于在德国与美国两个迥异文化情境下的准实验研究，Schneider 和 Leyer(2019)分析了战略决策背景下对算法的授权行为，发现对算法的依附已成为管理者决策时的一个相关考虑因素；同时，管理者对算法的授权行为存在文化差异，例如，德国参与者相较美国参与者表现出更高的不确定性规避行为。

其次，数字化也对劳动力市场构成了潜在威胁，强个体的出现导致雇佣关系趋于不稳定乃至消失，人力资本的流动性加剧，跨界流动已成为大势所趋。全球知名咨询公司 Gartner(高德纳)于 2019 年发布了一项针对全球 3000 名企业首席信息官(CIO)的调研报告，报告显示，有 95%的 CIO 认为，数字化时代改变了工作内容。数字化转型替代现有工作岗位加剧了减少员工自主权、降低员工工资、降低决策理性、增加组织风险及增加社会不稳定性的可能(Arntz et al.,2016)。还有研究探讨了人工智能对不同职业的影响。Felten 等(2019)基于大数据样本，利用最新的分析方法隔离了 AI 特定功能(例如图像识别、翻译等)的影响，将 AI 与广泛职业技能联系起来，分析了 AI 对劳动力市场的影响。研究结果表明，受 AI 影响的职业一般都面临岗位增加、薪酬下降的问题，与此同时，受 AI 影响的高薪职业经历了显著的就业增长，而低薪职业中则没有发现 AI 影响与就业增长的显著关系，受 AI 影响的高薪职业还经历了显著的薪酬增长，而受 AI 影响的低薪职业则经历了显著的薪酬下降。这一发现为 AI 可能加剧收入不平等这一现象提供了实证证据。

### 2.7.2 无组织工作模式的涌现

在电商、社交等场景下，更高频的数据交互驱动了业务逐渐向数字化转移，价值创造的过程发生了根本性的变化。传统组织难以作为独立的个体置身于数字化商业环境中(Jacobides et al.,2018)，数字化工作平台等新型工作模式的出现挑战了传统组织形式存在的必要性。员工关系的文献指出，数字化工作平台已成为 21 世纪最主要的组织形式。Mosmann 等(2019)通过对共享经济中 13 个组织的比较案例分析，研究了社群内的组织如何通过有效治理来协调其成员的活动与培养其社群意识，并为平台提供了 3 种层级的治理模式：冒险(adventuring)、协调(harmonization)、游戏(gamification)。冒险，指使社区成员在风险与特殊情境下面临挑战，例如社群成员在时间压力下准备并通过测验、参与夜间挑战等；协调，指组织为社群成员创造在特定氛围中定期互动的机会，例如通过展会、主题派对、每周早餐等在线和离线活动建立社群成员交易之外的朋友关系；游戏，指在社区成员中通过评论、反馈等具体行动实施排名、级别、奖励等竞争机制，就像在游戏中获得积分、升级的模式，以提升其社交形象与声誉。还有研究关注了众包(out-sourcing tasks to online crowds)这一新兴的临时组织工作模式，即通过数字化平台将有开放任务的客户与地理上分散的众包工作者的工作能力进行匹配，将过去由组织员工执行的工作任务以自愿的方式外包给非特定的众包工作者，协调全球劳动力市场。埃尔默等学者通过对 6 个德国数字化工作平台进行众包参与性观测与文献分析，将数字化平台如何管理众包工作者进行理论化；研究发现，尽管众包工人已成为一种普遍的工作方式，但他们并未对平台的重要工作产生实质性的影响，揭示了数字化时代平台参与的边界条件。

### 2.7.3 问责响应器的强化

组织作为外部环境的响应器，与利益相关者之间的关系也在数字化时代发生了一系列转变。其中，组织问责(organizational account ability)的问题就愈加凸显。通过数字技术(例如移动设备与社交媒体)，公众可以及时报告与广泛散播组织及其员工的问题，从而对组织进行监视。不少研究认为，由于组织担心因负面报道而失去声誉，数字化时代组织问责将得到加强(Kim et al.，2015)。同时，由于通信手段的完善、信息的快速扩散，企业存在的根本意义不再只是营利，还应考虑到人道主义精神和企业社会责任等行为。也有研究认为，数字化时代组织问责机制的增强是一把双刃剑，公众对数字化技术的利用会使组织的责任感进一步恶化。Karunakaran 等(2019)通过 24 个月的民族志田野调查，结合历史与定量分析发现，数字化组织问责会增加组织前线专业人员的风险规避，破坏其角色认同，使组织与公众之间的角色关系紧张，从而限制了公众的可用资源。研究结果表明，这一系列动态过程会形成恶性循环，最终可能导致组织责任感的恶化。Barnett 等(2018)从认知理论出发，解释了数字化时代利益相关者对企业行为影响的变化。研究认为，尽管社交媒体的兴起使利益相关者更容易表达其诉求，即使是次要的利益相关者也有可能吸引大量受众，但数字化时代巨大的信息流使利益相关者在总体上影响企业行为的可能性受到限制。还有研究对组织问责的方式和效率进行了探讨。Cyron 等(2019)发现，企业社会绩效反馈往往是多角度与非线性的，尤其是在企业与利益相关者之间日益增多的数字化通信渠道中。研究结果表明，混合型反馈会影响企业感知的绩效水平，而明显的正面或负面反馈对企业感知几乎没有影响。

### 2.7.4 无限的竞争力

在产品性能不断迭代与升级的同时，企业还需要兼顾对多样化、个性化需求的满足。针对不同的用户群体提供差异化的版本，尽可能地增加总的价值供给。例如，允许普通用户低价或者免费使用产品的基本功能，以此建立基本的利基市场；针对付费的高级用户，则提供一些更为高级的性能与服务，进一步改善使用体验。美国奈飞(Netflix)公司按照付费情况，将会员服务分为基础、标准、高级 3 个档次。其中，基础服务包括移动设备观看、无限浏览、随时取消、首月免费，同时观看 1 个屏幕；标准服务在基础服务的基础上增加了高清可视服务，可以同时观看 2 个屏幕；高级服务在标准服务的基础上又增加了超清画面服务，可以同时观看 4 个屏幕。微软公司在推出 Windows 7 系统时，为了更好地适应不同用户群体的消费特点，将产品进一步细分为初级版、家庭普通版、家庭高级版、专业版、企业版以及旗舰版 6 个版本，不同版本的功能，如桌面体验、常规操作、网络性能等存在细微的差别。在数字经济下，沿着时间和空间两个维度进行产品版本划分，近乎创意无限，这样企业就可以较低甚至零边际成本实现产品差异化，进而实现成本领先优势和产品差别化优势的兼顾和结合。

### 2.7.5 新创企业冲击传统企业

数字化革命带来了线上繁荣，同时也对传统行业产生了冲击与挑战，研究者针对两者之间的关系展开了讨论。一方面，创新企业存在先天优势，成立时就自带新的商业模式，而传统企业则需要付出更多，才能适应新的市场规则。这些创新企业的商业模式对行业内的传统玩家构成了巨大威胁，这些动态的可能会影响市场的规模经济和集中度，并影响企业实现和保持竞争优势的方式，正如平地造高楼比拆除改建更为高效一样。研究发现，Uber(优步)、Airbnb(爱彼迎)、Taskrabbit(任务兔)等点对点平台的进入会对同一细分市场的现有企业的绩效产生负面影响，这些平台上的供应增加不仅导致竞争加剧，还引发了消费者偏好向直接搜索产品和在线交易的转变，这种需求方式的转变也促使现有企业越来越多地使用点对点平台的竞争平台以吸引消费者并在线推广其产品(Lanzolla et al.，2008)。另一方面，像星巴克、联合利华这样的老牌企业，拥有客户基础、覆盖规模等更为丰富的资源优势，数字化优化也可能催生其更为强大的竞争优势与价值创造，因此不同类型企业受到影响的程度可能并不相同。Meyer 等(2024)基于酒店业的样本进行了二重差分分析，指出由于现有企业的资产所有权状况不同，这种转变对现有企业会产生不同程度的影响。研究发现，随着 Airbnb 住宿供应量的增加，与只拥有核心资产的酒店相比，同时控制着核心资产和能够补充下游资产的酒店，点对点平台对他们的互补性资产产生了替代效应，大大降低了他们的竞争优势，这些酒店的业绩出现了显著下降。

### 2.7.6 跨界竞争打破产业边界

数字化革命也被称为新产业时代。工业时代是原有生产要素的组合，而在新产业时代，数字化把原有要素全部更新为数字的价值，出现了新的组合，新组合完全改变了各个产业的空间。数字技术带来的跨界竞争成为最重要的研究话题。从未涉足这个行业的新创产业加入该行业，其对这个行业边界的理解是截然不同的。例如腾讯觅影的 AI 辅诊，能有效降低全科医生漏诊率，辅诊准确率高，而且能提供实时诊疗建议。此时人工智能和医疗产业之间的空间完全改变了，腾讯这一高科技平台企业成功打入医疗健康行业。而过去全球折扣零售连锁店的代表是沃尔玛，如今在零售方面更能代表未来、成长性更高的则是亚马逊——一家数字化智能企业。大量新创企业的涌现使企业应更注重内部研发还是外包的争论再次成为探讨热点。Li(2018)基于资源基础观与需求方视角，分析了数字化环境下创业者开放式创新与商业模式之间的关系。研究发现，外部知识搜寻(external knowledge search)的深度会促进数字化环境下需求驱动和技术驱动的商业模式，但外部知识搜索的广度会抑制数字化环境下需求驱动和技术驱动的商业模式。

### 2.7.7 竞争逻辑转向共生逻辑

数字化时代拓展了产业边界的同时，也改变了商业竞争的底层逻辑(Cennamo，2019)。数字化转型是对传统商业关系进行重构的过程，重构之后的新型商业关系形态重新定义了企业、产品、用户的市场角色，代表着更强连接、更多交互、更多维度的价值创造模式，也成为企业在数字化革命中赢得竞争优势的关键所在。

首先，平台间的竞争不再是一场零和博弈，如何通过强强联盟的生态构建与产品组合扩大市场成为平台企业竞争的关键(Panico et al.，2015)。率先与大型平台、与更多其他平台或企业展开联合的企业平台，会在更广泛的领域内获得强链接能力和协同优势。据此，一些研究也对平台竞争与融合的基本方式展开了讨论，指出数字化平台竞争的本质建立在两个战略维度上——平台规模(反映其用户数量与互补网络的大小)与平台身份(反映其技术与市场概况)，这一框架可用于识别平台竞争与市场融合的各种情况(Cennamo，2019)。

其次，除了平台企业间的合作，更为重要的改变是数字化时代的消费革命带来了消费需求与生产过程的融合。随着数字化平台上产品数量和种类的不断增加，产品市场不再成为定义竞争边界和竞争者的关键要素。顾客本身要求参与创造和体验，赢得市场的关键不再是以更低的成本、更高的效率来满足顾客，而是如何迎合顾客本身提出的个性化需求。在这一阶段的消费变革中，就需要企业调整边界以和整个供应链乃至利益相关者进行合作，创造一种新的富有生产力的联结型商业模式。研究发现，基于算法、机器学习和人工智能预测的更准确的消费者需求信息使得行业中的合谋企业能够设定更为定制化的价格，但同时也提高了合谋企业成员在高需求时期采用低价格的可能性。也就是说，更准确的消费者需求预测能够降低产品价格，提高消费者剩余(Miklós-Thal et al.,2019)。信息与资源的有效共享以及新联系的形成也为创新提供了新的可能性。Hakanen 等(2019)从 5 个制造业企业的案例研究出发，从商业模式、平台与经理人 3 个不同的角度探讨了数字化时代的创新途径。研究发现，制造业企业通过加强合作来利用其数据创造价值，是推动制造业企业向网络化企业转型的关键原因。

## 2.8 本章小结

综合现有研究情况，有关企业数字化转型和管理变革两条主线的研究方兴未艾，但先前研究未能将这两个主题结合，对数字化转型中的管理适应性变革问题尚未涉及。我们将现有研究存在的问题总结如下：

(1)现有数字化转型研究多集中于概念性、阐述性或框架搭建性工作上，严重滞后于企业数字化转型实践，无法为我国企业推行数字化转型提供即时可用的理论指导。现有数字化转型研究主要集中于概念界定、思想阐述和典型案例佐证方面，也有学者对数字化转型的内涵、特征、模式、路径及影响后果等基础性研究工作进行了初步的研究框架搭建，并未形成逻辑严密的分析框架和完善的研究体系，在内容上也比较零散、不系统。然而，仅仅识别某一方面的特征无法对数字化转型研究提供科学的理论指导和实践建议。此外，中国目前近 70%的企业已开始进行数字化转型，但理论研究的步伐并没有相应跟上，滞后的研究工作没有归纳出企业数字化转型的典型模式、路径并提出整合性研究框架，难以真正指导我国企业的数字化转型实践。

(2)现有文献缺乏将数字化转型与管理变革相结合的研究，以致面向数字化转型的管理适应性变革研究尚属空白。一方面，尽管国内外关于数字化转型的文献越来越丰富，但对企业如何面对数字化转型开展管理适应性变革的相关研究严重缺乏。另一方面，尽管已有学者从多个角度对管理变革做了广泛探讨，但对数字化转型如何导致企业管理模式的适应性变革这一问题，学者们并未给予足够的关注。事实上，片面地探讨本书两个关键词中的任何一个，都不能真正指导企业在数字化时代的管理变革实践，也难以做出与时代发展相适应的论断，这就要求我们必须摸清数字化转型给企业带来的根本影响，结合数字化时代企业在管理模式上的关键转变，才能从根本上推动数字化转型落地生根。

(3)传统管理变革理论与数字化时代背景相脱节，难以适应数字化环境下企业管理的新需求，亟须构建紧扣数字化时代特征且立足本土情境的管理变革新理论。由于管理变革在实践中的作用及其对企业的影响尤为突出，如何通过管理变革帮助企业在数字化时代构建核心竞争力，逐渐成为理论界和实践界共同关注的话题。然而，传统的企业管理变革理论无法适应数字化时代企业的平台化、共享化、智能化升级要求，以致企业面向数字化转型的管理适应性变革缺乏有效的理论指导。尤为关键的是，先前研究局限于"借鉴西方理论、分析中国问题"的单一范式，多数选择了"拿来主义"的研究策略，热衷于运用欧美理论分析中国现象，忽略了中国独特的制度情境特征。为此，需要采用更加符合我国国情和新时代要求的研究思想，构建基于本土情境的企业管理适应性变革理论，以有效指导我国企业面向数字化转型的全新实践。

(4)先前研究笼统探讨企业管理变革的模式与路径，难以有效指导处于不同数字化阶段的企业如何进行差异化的管理适应性变革模式与路径选择。已有管理变革研究将所有企业的变革基础、模式、路径等笼统看待，未区分出不同类型的企业该如何进行变革模式与路径的选择，因而难以指导数字化时代处于不同数字化阶段的企业的管理适应性变革实践。事实上，在本书关注的数字化转型情境下，企业所处的转型阶段各有不同，有些企业为数字化而生，有些企业正在进行数字化转型，还有些企业仍未开展数字化转型。对于这些企业而言，由于面临的市场竞争和技术基础等均存在差异，它们在很大程度上会选择不同的管理适应性变革路径，因而，唯有抓住数字化转型背景下各类企业在管理适应性变革方面存在的本质差异，才能得出有益的理论指导。为此，本书将目光聚焦于企业数字化转型阶段，试图探讨不同类型数字化企业选择管理适应性变革路径的差异性逻辑，从而得出更有针对性的研究结论。

(5)先前文献主要采用定性分析和一些案例研究，而探索性研究与定量实证研究较为匮乏，以致现有研究方法缺乏有效性和针对性，难以适应当下研究的需要。现有相关研究多以定性研究(理论推演)为主，辅以一些案例研究，缺少基于全面"扎根"的探索性研究与定量实证混合式研究方法。然而，这种归纳式定性研究方法很难形成科学合理的结论，容易导致相关概念内涵界定不清和相关构念不明等问题。此外，验证性思维的不足之处在于阻碍了新理论的产生与发展，尤其是数字化转型背景下企业各方面管理模式正发生革命性的变化，这就要求企业进行相应的管理变革以适应新时代、新变化和新要求，而现有的管理变革理论研究成果未能有效指导企业在数字化转型条件下的运营与管理，急切需要寻找更为系统且有效的研究方法并对此进行细致、全面的探究。

# 第3章

# 企业数字化转型驱动模式与发展趋势研判

本章将对企业数字化转型现状、驱动模式与发展趋势进行研判，在分析企业数字化转型内涵与外延的基础上划分数字化企业类型，并针对不同类型企业的数字化转型驱动模式和发展趋势进行重点剖析。

## 3.1 企业数字化转型现状研判

后疫情时代，数字化转型将成为企业提质增效及重塑核心竞争力的基础和必经途径，能够推动生产主体、对象、工具、模式、场所的全体系重构，也将形成发展观、方法论、价值导向、运行机理等认知框架的范式迁移（刘然，2020）。从上文研究背景部分的论述可知，虽然我国企业数字化转型目前取得了明显成效，但仍面临许多困难，数字技术行业标准、网络安全、人才供给等基础薄弱，数字化转型环境复杂，企业数字化转型的方向、模式和路径仍不清晰，有必要系统梳理我国企业数字化转型的现状格局，为后续研究提供现实依据和必要的分析基础。因此，本节从市场、技术和管理等视角着手，深度解析企业数字化转型的现状，如图3-1所示。

### 3.1.1 企业数字化转型的市场现状研判

本书利用政策分析工具对企业数字化转型的市场现状进行系统梳理，采用全面“扎根”的方法并结合企业数字化转型的典型案例进行深度剖析，弄清现有市场体制机制障碍，辨明市场环境对企业推进数字化转型的影响。同时，需要对现有数字化转型相关文献进行全面总结与评析，并对企业数字化转型实践进行实地调研和访谈，为后续解析企业数字化转型内涵特征奠定基础。在已有研究基础上，下文主要从数字经济发展现状、数字生态构建现状以及数字产业融合现状三个维度解析企业数字化转型面临的市场现状。

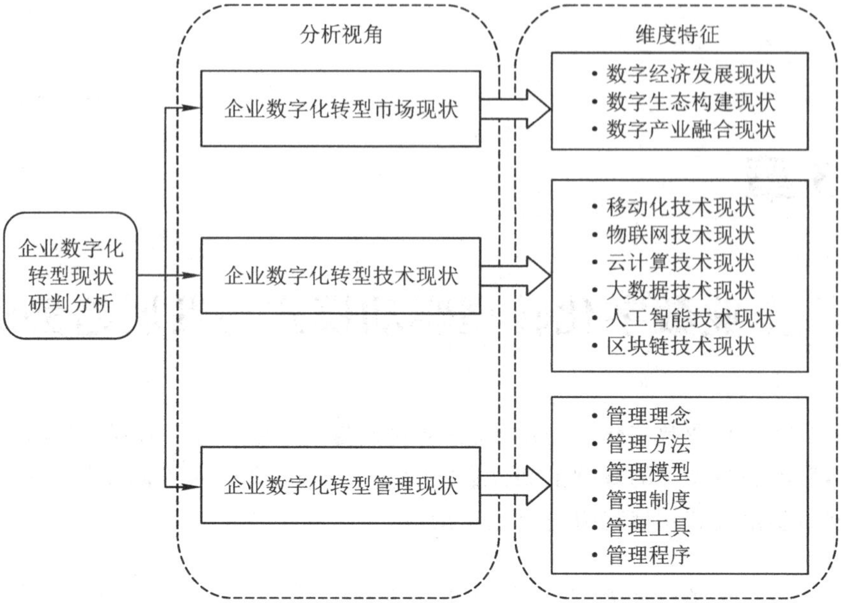


图 3-1 企业数字化转型现状研判分析框架

**1. 数字经济发展现状**

数字经济的快速发展及数字经济国家战略的实施，需要企业通过有效的数字化转型，快速适应数字经济新生态、新模式。因此，分析数字经济发展现状，能更有效地解析企业数字化转型的市场现状。

**2. 数字生态构建现状**

数字生态是所有企业实施数字化转型后所形成的。当数字生态构建成功后，整个市场运营和企业内部管理都将数字化，势必给企业带来更大的竞争压力(易加斌 等,2021)。因此，分析数字生态构建现状，对认识企业实施数字化转型的市场现状具有重要作用。

**3. 数字产业融合现状**

数字产业的融合有利于新技术研发、新产品培育、新模式开发，进而延伸产业链，拓展价值链，构建生态链，推动数字经济快速发展。因此，分析数字产业融合现状，能更好地掌控企业数字化转型所面临的市场现状。

### 3.1.2 企业数字化转型的技术现状研判

随着物联网、大数据、云计算、移动互联网、人工智能、区块链等企业赋能技术的不断涌现，不断为企业的资产、设备、组织、人员重新赋能，数字化技术逐渐成为数字化商业的核心元素。本部分采用扎根方法，对企业数字化转型的技术进行系统梳理，从多学科深度剖析不同数字技术的发展现状。

**1. 移动化技术现状分析**

移动化技术是企业数字化转型的起始点，大部分数字化转型企业会不假思索地将企业移动化办公、移动化审批、移动报表和决策等移动工作平台视为企业数字化转型的起点。移动化技术现状分析是利用扎根理论并结合移动办公软件进行市场调研，深度剖析移动化技术的应用功能、发展现状和技术缺陷等，为后续分析数字技术对企业的影响奠定基础。

**2. 物联网技术现状分析**

物联网是实现对设备、物质进行数字化赋能的关键技术。物联网技术现状分析主要从文献资料和实际应用中深度剖析物联网技术的发展阶段、应用现状和现实功能等方面，为构建数字化转型成熟度指标奠定基础。

**3. 云计算技术现状分析**

云计算技术成为数字化转型的必备选择，数字化转型的技术方案几乎都离不开“云”。云计算技术现状分析是结合文本资料和实地调研，从国家云计算的发展计划、云计算的市场渗透度和企业云计算运用实践等方面深度剖析云计算技术发展现状。

**4. 大数据技术现状分析**

大数据是数字化转型的核心，诸如金融、电商、工业都成为大数据应用的热门行业，大数据的应用领域比较广泛，无论是智能制造，还是智能物流、智能营销，大数据都是实现智能化的基础(韩佳平 等，2022)。大数据技术现状分析主要通过企业实地调研，深度分析大数据技术的应用功能、平台建立和运营模式，为后续数字化转型发展方向研究奠定基础。

**5. 人工智能技术现状分析**

有机构指出，企业即将迎来人工智能应用的暴发，人工智能将是未来十年最颠覆性的技术，它不仅将改变人类的生活，还将改变企业的方方面面。人工智能技术现状分析是利用已有文献并结合企业实地调研，从人工智能的运用功能、运用困境和对企业的影响等方面深度解析人工智能技术的发展现状，为后续构建数字化成熟度指标做好铺垫。

**6. 区块链技术现状分析**

区块链技术将成为数字化转型的下一个颠覆性技术。区块链技术现状分析主要采用企业实地调研和专家访谈方法，分析区块链技术的运行模式、发展现状和未来发展趋势，为后续分析数字化转型对企业的影响奠定基础。

### 3.1.3 企业数字化转型的管理现状研判

企业数字化转型主要通过数字化技术驱动商业价值实现，将深刻改变企业传统的管理理念和管理模式，进而改变由管理方法、管理模型、管理制度、管理工具和管理程序等组成的管理行为体系结构。因此，下面主要对数字化转型的管理现状作一系统梳理，深度剖析企业数字化转型的管理现状和对企业的影响。

**1. 管理理念**

传统的企业管理理念主要有构建均衡利益格局、稳健控制、承担风险以及依靠组织和制度积累财富等。但在数字化转型中，企业获取竞争优势的途径将发生转变，一切经营管理行为均将以客户为中心，变化才是永恒的不变。因此，从管理理念理解企业数字化转型的管理现状对本课题的研究设计具有重要指导意义。

**2. 管理方法**

管理方法是运用管理原理实现组织目的的方式。在数字化转型中，管理方法将更加趋向管理数字化，即企业的任何管理措施都将离不开数字技术的使用。因此，从管理方法出发能更清楚地分析企业数字化转型面临的管理现状。

**3. 管理模型**

已有管理学领域中有各种各样的管理模型，在数字化转型背景下，这些管理模型都将与数字化技术融合以产生新的管理模型。与数字化技术融合的管理模型将更有效地实现数字化时代的企业管理，因此，从管理模型出发探析企业数字化发展的管理现状将有助于对企业数字化转型的深入理解。

**4. 管理制度**

管理制度是面向消费者并以市场为主导的制度安排、现有强制制度和约束制度等，具有规范性和动态性。企业数字化转型将对管理制度产生重大影响，可能转变为以用户为主导的制度安排。因此，分析企业数字化转型下的管理制度，对理解其管理现状具有重要作用。

**5. 管理工具**

管理工具对企业竞争力具有重要影响，对实现组织稳定、规范、高效运行具有明显推动作用。在数字化转型中，管理工具中的各种规章制度、运营管理、人力资源管理都将融入数字化技术和数字化转型带来的认知。因此，解析管理工具在企业数字化转型中的现状，能更好地理解新时代的管理变化。

**6. 管理程序**

管理程序是管理者实施管理的方针和步骤。如果管理者的管理程序合理得当，就可以加快管理的速度，提高管理的效率，取得良好的管理成效。企业实施数字化转型后，管理程序必将发生转变，随之改变管理速度和效率。因此，从管理程序出发解析企业数字化转型的管理现状十分必要。

## 3.2 企业数字化转型的内涵特征与外延界定

从上文文献综述可以看出，尽管许多学者对数字化转型开展了大量研究，但数字化转型的内涵特征尚不明确，对其内涵与外延缺乏系统梳理，以致对企业数字化转型类型、驱动模式、动力阻力机制等均缺乏深刻认识。因此，本节基于已有文献对企业数字化转型内涵特征与外延的相关研究进行梳理，并结合现场扎根的方法重点识别、界定企业数字化转型的内涵与外延，深入解析企业数字化转型的本质特征，如图 3－2 所示。

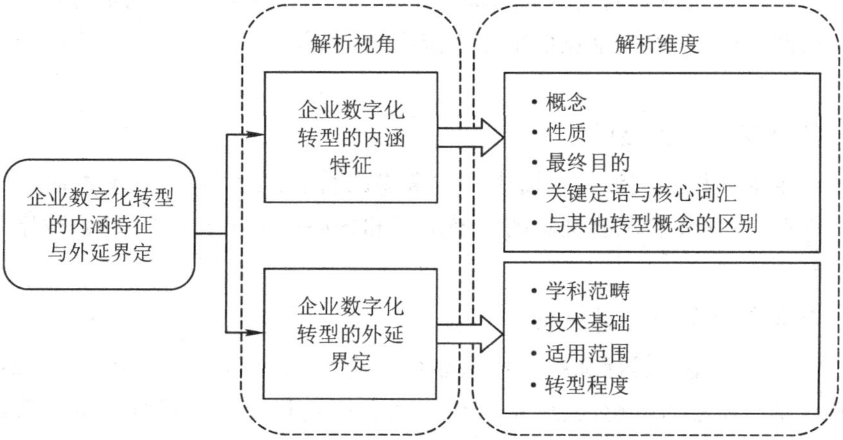


图 3－2 企业数字化转型的内涵特征与外延界定

### 3.2.1 企业数字化转型的内涵特征

数字化转型实现了组织架构和商业模式的变革重塑，推动了产业链各环节及不同产业链间的融合，数字化转型已经变得不可替代且势在必行（史宇鹏 等，2021）。已有研究主要从企业层面、技术层面论述企业数字化转型的内涵特征，但数字化转型涉及较多方面，仅从一两个层面难以全面反映数字化转型的特有属性。因此，下面主要采用现场扎根和组合案例方法，重点从企业数字化转型目标、所用技术、涉及范围，以及现实功能、对象与内容等方面探究企业数字化转型的内涵特征，为划分不同数字化企业类型奠定概念基础。

**1. 概念**

概念是对企业数字化转型的特性描述，从概念特征上可以清晰地理解企业数字化转型的内涵特征。本书结合现有文献中有关企业数字化转型的各方面概念，提炼出主流观点，再从主流观点中解析数字化转型的内涵特征。

**2. 性质**

性质是从客观角度认知事物的形式，反映事物本身所具有的与其他事物不同的根本属性，即事物的本质。企业数字化转型是一种过程还是一种现象，这决定了数字化转型的本质。因此，本书采用现场扎根方法解析企业数字化转型的性质，致力于弄清企业数字化转型的真实内涵。

**3. 最终目的**

最终目的是企业数字化转型不同于其他事物的特有属性，企业数字化转型的目标可能是快速发现和响应企业市场、技术和管理的变化，及时满足客户的个性化需求。因此，从目标解析企业数字化转型内涵，可以有效理解企业数字化转型的本质特征。

**4. 关键定语与核心词汇**

关键定语和核心词汇用于描述具体事物的特有属性，是构成事物内涵的关键组成。因此，本书还从现有文献的关键定语和核心词汇出发，解析企业数字化转型的内涵特征。

**5. 与其他转型概念的区别**

不同转型类型的目标和所用技术都有所差别，在理解企业数字化转型时，还需要将其区别于企业智能化转型、市场化转型和社会化转型等，因此，本书采用比较研究的方法，从企业数字化转型与其他转型类型的区别入手，解析企业数字化转型的内涵特征。

### 3.2.2 企业数字化转型的外延界定

企业数字化转型是多学科、多层面的综合实践，在弄清其内涵特征之外，还需对其外延进行界定。外延是适合于某一概念的一切对象，即概念的适用范围，在本书所关注的企业数字化转型上，其外延则是指适用于企业数字化转型这一概念的一切对象，即企业数字化转型的适用范围。因此，本书主要从学科范畴、技术基础、适用范围和转型程度等方面厘清企业数字化转型的外延。

**1. 学科范畴**

不同学科范畴对事物的认识会有不同范式，企业数字化转型涉及诸如经济学、管理学和科学哲学等多学科，不同学科之间具有关联性和交叉性。因此，本书主要比较不同学科范式并采用现场扎根的方法界定企业数字化转型的外延。

**2. 技术基础**

企业拥有不同的技术将会采用不同路径和模式实现数字化转型。企业数字化转型涉及物联网、大数据、云计算、移动互联网、人工智能、区块链等多种数字化技术，不同技术之间既有独特性又有互补性。因此，本书主要从不同技术基础的角度解析企业数字化转型的外延。

**3. 适用范围**

虽然企业需要推行数字化转型已成为共识，但成功实现数字化转型的企业寥寥无几，而在数字化转型中失败的企业却比比皆是。因而，是否所有的企业都能展开数字化转型仍旧是个问题，这就是企业数字化转型的适用范围，对此展开研究将对深入解析企业数字化转型的外延具有重要作用。

**4. 转型程度**

实践中既有完全数字化的企业，也有部分数字化的企业，不同转型程度对应的数字化转型模式和路径也将有所差异。因此，本书试图从转型程度出发并采用组合案例研究法解析企业数字化转型的外延。

## 3.3 企业数字化转型成熟度模型与数字化企业类型

数字化转型不是一蹴而就的，同一企业数字化转型将经历多个阶段，不同企业数字化转型所处的阶段也有所差异(李载驰 等，2021)。对企业数字化转型阶段的充分认知，可以帮助我们更加清晰地识别数字化转型的进程，进而划分不同数字化企业类型。本节采用现场扎根和组合案例等多种方法，试图构建企业数字化转型成熟度模型和相应的评价指标，为划分不同数字化企业类型奠定基础。

### 3.3.1 企业数字化转型成熟度模型构建

企业数字化转型成熟度模型是数字化转型成熟度模型评价内容的载体，也是划分数字化转型成熟度等级的重要依据，可以据此划分不同数字化企业类型。下文主要围绕构建原则、构建方法、评价内容、基本指标，建立逻辑严密、相互联系、互为补充的数字化转型成熟度模型，如图 3-3 所示。

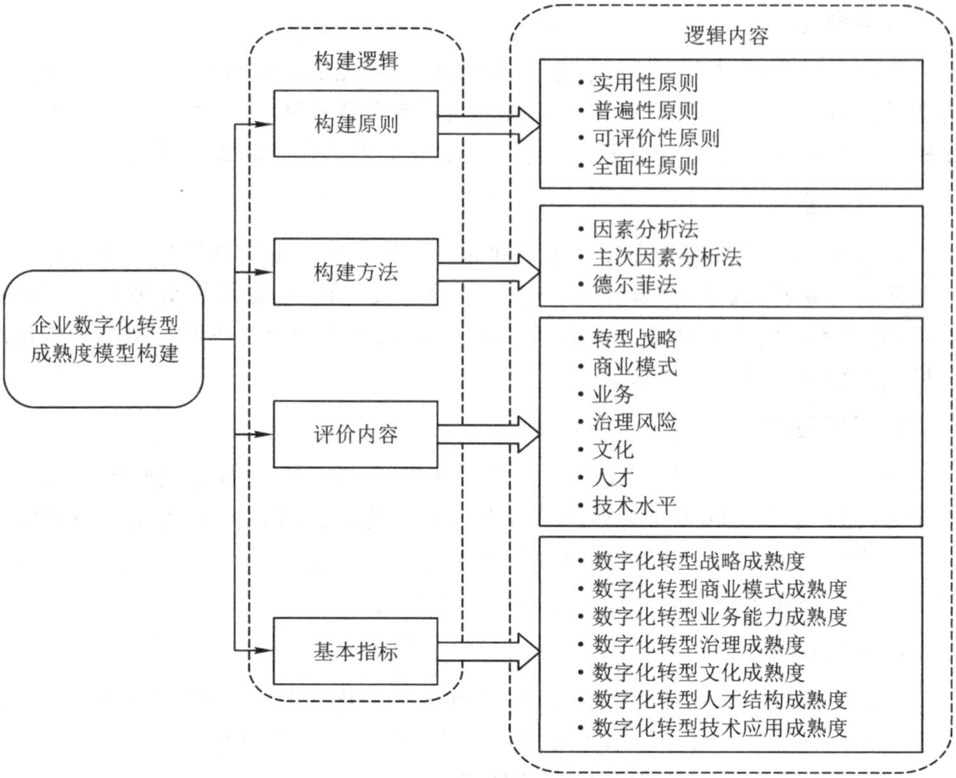


图 3-3 企业数字化转型成熟度模型构建

**1. 构建原则**

企业数字化转型成熟度模型评价指标的构建，主要应遵循实用性原则、普遍性原则、可评价性原则和全面性原则：①实用性原则要求选择评价指标时，必须从数字化转型实际出发，全面体现数字化转型的特点，以提高数字化转型成熟度模型评价的应用价值；②普遍性原则要求所选择的评级指标应该具有普遍的适用性和代表性，要结合企业数字化转型的实际情况，确定与企业数字化转型密切相关的、具有代表性或共性的转型成熟度指标；③可评价性原则要求评价指标具有可评价性，要能按统一的评价标准做出独立的评价，并且能定量化或数量化，才能体现企业数字化转型成熟度的差别，评价结果也才具有科学性；④全面性原则要求评价指标能全面反映企业数字化转型程度，要求对影响转型成熟度指标的选择既不能遗漏也不能重复，必须从多方面选择评价指标，通过多指标综合评价来实现全面、科学的数字化转型成熟度评价。

**2. 构建方法**

本书采用因素分析法、主次因素分析法、德尔菲法等多种方法构建企业数字化转型成熟度模型：①因素分析法是从企业数字化转型的实际出发，对企业数字化转型现状和程度进行全面分析，在遵循上述构建原则的基础上，寻找出影响和决定企业数字化转型成熟度的所有潜在因素，然后确定评价指标；②主次因素分析法是将指标体系中的所有指标按其重要程度和对数字化转型成熟度的影响程度，进行分类排序，然后分别用不同的权数对各类指标赋予不同权重；③德尔菲法是选择各方面的专家、学者，采取独立填表的形式选取权数，然后将他们各自选取的权数进行整理和统计分析，最后确定出各指标的权数。

**3. 评价内容**

在确定构建原则和构建方法的基础上，主要从转型战略、商业模式、业务、治理风险、文化、人才、技术水平等方面确定企业数字化转型成熟度模型的指标评价内容：①转型战略是指企业实施数字化转型所用的指导转型实践的战略；②商业模式是指企业实施数字化转型所用的盈利逻辑；③业务是指企业实施数字化转型所开发的经营活动和需要处理的事务；④治理风险是指治理企业数字化转型带来的风险；⑤文化是指企业实施数字化转型所传达的价值观念；⑥人才是指企业实施数字化转型所需人才；⑦技术水平是指数字化技术在创新、设计方面的运用程度。

**4. 基本指标**

本书主要从数字化转型战略水平、商业模式数字化转型水平、业务能力数字化转型水平、数字化转型治理水平、数字化转型文化与人才水平、数字化转型技术应用水平等方面构建指标的评价内容，分别评价以下几方面的内容：①企业数字化转型战略的成熟度；②企业数字化转型商业模式的成熟度；③企业数字化转型业务能力的成熟度；④企业数字化转型治理的成熟度；⑤企业数字化转型文化的成熟度；⑥企业数字化转型人才结构的成熟度；⑦企业数字化转型技术应用的成熟度。

### 3.3.2　企业数字化转型成熟度等级

成熟度等级体现了企业所处的数字化转型阶段，可用上述成熟度模型各评价指标所处的位置予以判定。因此，本研究确定企业数字化转型成熟度模型后，还将依照指标测量结果划分企业数字化转型成熟度等级，即与数字化转型现状相对应的成熟度等级结构，反映了数字化转型成熟度在不同阶段的具体体现。下面主要从等级要素、等级设计和等级定义三个维度解析企业数字化转型成熟度等级，如图 3－4 所示。

**1. 等级要素**

企业数字化转型成熟度等级要素主要从等级数目、级差、重叠度等角度分析：①等级数目是指企业数字化转型成熟度等级由多少层级构成，一个等级包含成熟度相同或相似的若干评价指标；②级差是指数字化转型成熟度等级中相邻的两个

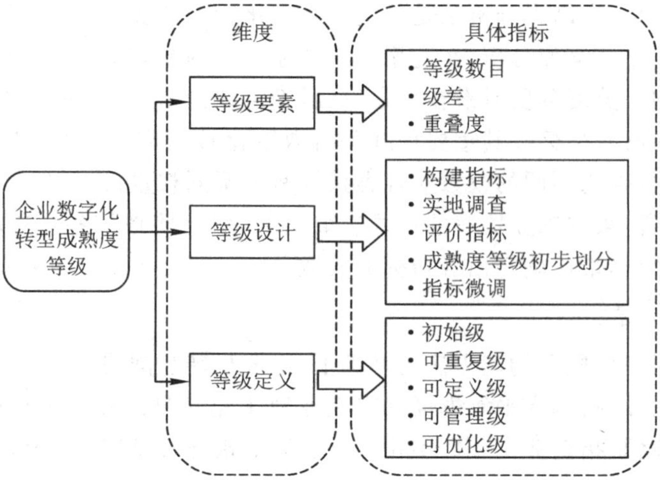


图 3－4　企业数字化转型成熟度等级划分依据

等级成熟度之间的差额；③重叠度是指两个相邻的成熟度等级之间的交叉或重叠程度，其形式有重叠、缺口和既无重叠也无缺口等几种类型，一般而言，重叠度越小，企业数字化转型速度越快。

**2. 等级设计**

企业数字化转型成熟度等级设计较为复杂，本书主要从构建指标、实地调查、评价指标、成熟度等级初步划分、指标微调等方面解析企业数字化转型成熟度模型的等级设计：①构建指标即上文所论述的企业数字化转型成熟度指标；②实地调查是指在企业数字化转型实践中获取等级设计的主要参考资料；③评价指标是指结合已有成熟度模型的指标体系和实地参考对不同企业数字化转型的不同阶段进行成熟度评价；④成熟度等级初步划分是指依据成熟度评价结果得到的成熟度等级；⑤指标微调是指得到数字化转型成熟度等级后将其运用于企业实践，根据实际反馈微调评价指标。

**3. 等级定义**

本书试图初步划分企业数字化转型成熟度等级，包括初始级、可重复级、可定义级、可管理级和可优化级五个等级：①初始级数字化转型成熟度是指企业尚无数字化转型意识或无意识但已有些许实践，尚不具备转型水平和能力；②可重复级数字化转型成熟度是指在企业内部开始推动多项数字化转型，其转型成熟度评价指标值处于中下水平；③可定义级数字化转型是指已在企业中广泛推行数字化转型，实施数字化转型的一系列过程和细节都已规范化，其转型成熟度评价指标值处于中等水平；④可管理级数字化转型是指数字化组织已经建立，实现了从战略、文化到人才、技术等各方面的数字化，其转型成熟度模型评价指标值处于中上水平；⑤可优化级是指企业具备数字化转型的持续改进、自我优化能力，数字化转型达到卓越水平，其转型成熟度评价指标值处于上等水平。数字化转型成熟度等级定义如图 3-5 所示。

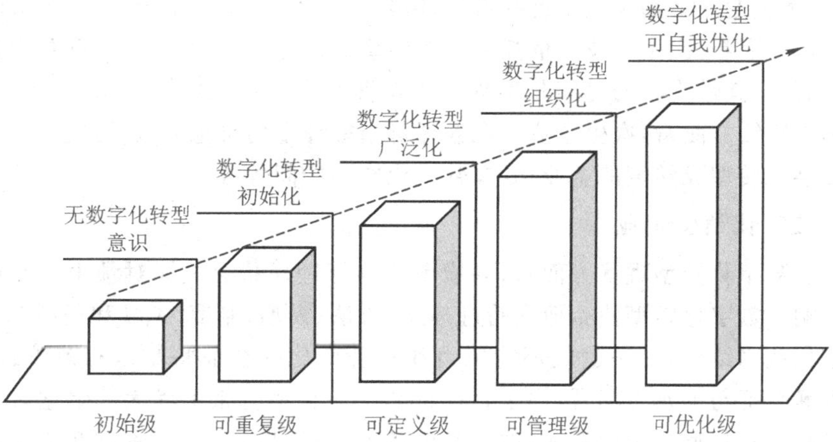


图 3-5 企业数字化转型成熟度等级定义

### 3.3.3 数字化企业类型及其划分标准

企业面临的数字化转型现状不同，其转型内涵、特征、外延、成熟度等级也不同。已有研究尚未区分不同数字化企业类型，大多基于同一类型企业展开数字化转型研究，但从总体上探究企业数字化转型的模式和路径，难以真正揭示处于不同转型阶段的企业对数字化的真实需求，也不利于准确理解各类企业数字化转型的差异化驱动模式。因此，本书结合企业数字化转型现状特征、内涵外延以及上述成熟度模型，将众多数字化企业划分为数字化原生企业、数字化次生企业、数字化预生企业，为研究不同企业数字化转型驱动模式的差异化奠定基础。

**1. 数字化原生企业**

①从数字化转型现状看，企业自身的技术发展现状会对原生企业产生重要的影响。原生企业是为数字化而生，其转型大多基于已掌握的数字化技术，因此技术发展现状对其数字化转型具有重要作用。②从内涵特征与外延方面看，原生企业是在成立之初就按照数字化的模式建立和运营的企业，拥有原生的数字化转型组织，能展开全面的商业模式数字化，技术基础雄厚，其最终目的可能是构建数字化生态圈（易加斌 等，2021）。③从成熟度指标与等级方面看，原生企业可能被评价指标评定为可优化级数字化转型成熟度企业，处在数字化转型高阶等级。

**2. 数字化次生企业**

①从数字化转型现状看，市场环境现状会对次生企业产生重要的影响。数字

经济、数字生态和数字产业融合的市场演变方向和强度影响着次生企业的数字化转型，次生企业几乎都是迫于这些市场环境变化的压力而实施转型。②从内涵特征与外延方面看，次生企业是依托数字化转型而追寻变革的企业，大部分由传统企业转型而来，其最终目的可能是实现组织全面数字化（李辉 等，2020）。③从成熟度指标与等级方面看，次生企业可能被评价指标评定为可重复级、可定义级和可管理级数字化转型成熟度的企业，处在数字化转型中间等级。

**3. 数字化预生企业**

①从数字化转型现状方面看，环境现状与管理现状会共同对预生企业产生重要的影响。数字化转型使企业在管理理念、方法、模型、制度、工具和程序等方面都与数字化技术结合，无法适应环境压力和管理变化的企业将难以有效管理企业。②从内涵特征与外延方面看，预生企业是数字化转型背景下尚无数字化转型意识或初具数字化转型意识的企业，技术基础较为薄弱，其最终目的是实现数字驱动管理。③从成熟度指标与等级方面看，预生企业可能被评价指标评定为初始级数字化转型成熟度的企业，处在数字化转型初始等级。

上述三类数字化企业的划分标准和每类企业的特征如图 3-6 所示。

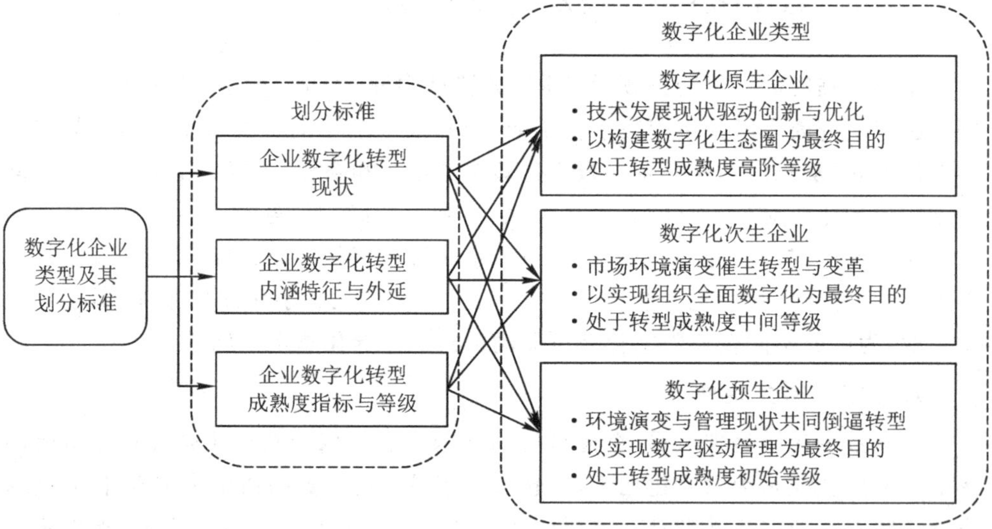


图 3-6 数字化企业类型及其划分标准

## 3.4 企业数字化转型的驱动模式与动力阻力机制

数字化转型代表着企业经营方式的改变，在此背景下，参与数字化转型的企业可能都有特定的驱动模式。本书通过企业调研，搜寻转型成功和失败的典型案例，剖析企业数字化转型的差异化驱动模式，探究不同驱动模式的动力阻力机制。

### 3.4.1　企业数字化转型的差异化驱动模式

企业数字化转型驱动模式并不取决于企业的类型或管理风格，而是取决于那些需要数字化转型解决的基本性、根本性问题。本书基于已有文献和企业案例，从本质特征、演化格局、内外部问题及其重要性，解析由内而外的自主突破模式、由外而内的压力反应模式和内外兼顾的互联互动模式（如图 3－7 所示），为研究不同驱动模式的动力机制与阻力机制奠定基础。

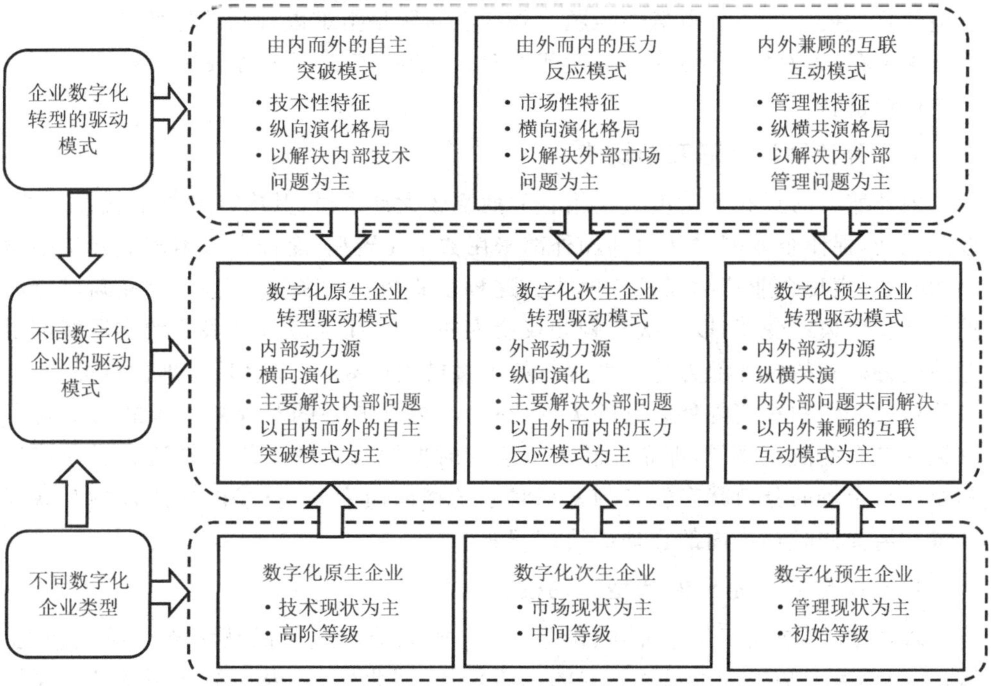


图 3－7　企业数字化转型的差异化驱动模式

#### 1. 由内而外的自主突破模式

该模式是指由系统内部技术发展创造出的一种自主突破式转型，这种转型源于企业内部技术创新和优化：①此种模式的本质特征由该模式的内部力量来源构成，主要呈现技术性特征，即该转型模式主要围绕内部技术的创新与优化，是自主突破模式与其他模式的区别所在；②由内而外的自主突破模式主要呈现纵向演化格局，即转型依循企业内部技术发展轨迹的纵向演变；③自主突破模式主要解决内部技术性问题。内部技术性问题是指企业内部因素阻碍了技术改进和产品升值的机会，当面临内部性问题时，企业必须实施内部数字化转型以提升技术发展的效能。

**2. 由外而内的压力反应模式**

由外而内的压力反应模式是指企业在外部数字经济、数字生态和数字产业融合演变的市场环境变化压力下驱动的转型模式，以改进企业的数字化技术，维持企业用户优势，缓解外部压力因素对企业发展的影响：①此种模式的本质特征由该模式的外部力量来源构成，主要呈现市场性特征，即该转型模式主要为应对市场环境变化压力；②由外而内的压力反应模式在转型中可能将主要呈现横向演化格局，即按照数字经济、数字生态、数字产业等方面的发展要求，企业转型将从企业与市场的分散状态演化为与市场逐步融合状态，最终与市场形成一体化共演体系；③压力反应模式主要解决外部市场性问题。外部性问题是指难以预测的外部环境阻碍了企业谋生存、求发展，当面临外部性问题时，企业可能必须进行数字化转型以获取新的市场机会。

**3. 内外兼顾的互联互动模式**

内外兼顾的互联互动模式是指企业面临较大冲击时，其内部和外部相互连接，彼此推动，促使企业同时从内部和外部采用数字化转型，全面彻底地解决转型中面临的问题，实现企业跨越成长的模式。这种模式成功的关键在于企业准确通过数据驱动管理模式变革，以有效兼顾和权衡内外变革：①互联互动模式的本质特征由保障这种模式的内外部力量有效运行的关键措施构成，主要呈现管理性特征，即有效管理是兼顾和权衡内外问题的关键所在；②内外兼顾的互联互动模式可能将呈现横纵结合的演化格局，即企业转型可能同时按照技术发展历史轨迹的纵向演变和企业与市场的分散状态转变为密切联系的横向演变发展；③内外兼顾的互联互动模式需要同时解决内部和外部管理问题。

**4. 不同数字化企业的转型驱动模式**

现实中，不同数字化企业可能具有不同的驱动模式或以某种驱动模式为主。因此，本书主要基于三种驱动模式的本质特征、演化格局、内外部问题及其重要性并结合三类数字化企业的转型现状、内涵特征与外延、转型成熟度模型解析不同企业数字化的具体转型驱动模式。

(1)数字化原生企业转型的驱动模式。原生企业在成立之初就建立了完整的数字化转型模式和组织结构，拥有丰厚的技术基础，其转型大多基于已掌握的数字化技术，处于数字化转型成熟度模型的高阶等级，其面临的内部技术性问题可能比外部市场性问题更加重要，因而这类企业的数字化转型驱动模式应以由内而外的自主突破模式为主，以另外两种驱动模式为辅。

(2)数字化次生企业转型的驱动模式。次生企业是依托数字化转型而重生的企业，大部分是由受市场环境变化压力的传统企业转型而来，是处于数字化转型成熟度中间等级的企业，其业务能力、技术应用、文化和人才等水平都处于中等水平，其面临的外部市场性问题可能更重要，因而，这类企业应以由外而内的压力反应模式为主，以另外两种驱动模式为辅。

(3)数字化预生企业转型的驱动模式。数字化预生企业是尚无数字化转型意识或初具数字化转型意识尚未实施转型的企业，其管理理念、方法、模型、制度、工具和程序等方面都面临转型需求，其最终目的可能是为了实现数据驱动管理，是处于初始等级数字化转型成熟度的企业，其面临的内部技术性问题和外部市场性问题同等重要，还可能面临兼顾与权衡内外的管理性问题。因而这类企业的数字化转型驱动模式应以内外兼顾的互联互动模式为主，以另外两种驱动模式为辅。

### 3.4.2　企业数字化转型不同驱动模式的动力阻力机制

企业系统作为特殊的社会经济系统，其运动是为了达到企业预期目标，但企业目标与现实总是存在一定的差距，这种差距蕴含着企业数字化转型不同驱动模式的动力与阻力机制。企业数字化转型的动力机制是转型的动力来源和作用方式，是能够推动数字化转型实现优质、高效运行并为达到预定目标提供激励的一种机制(吴江 等，2021)。阻力机制是由数字化转型招致企业内外各方面的阻力，是对顺利实施转型达到预定目标产生抑制作用的一种机制。本书在探究不同驱动模式的动力因素与阻力因素的基础上，也探究了企业数字化转型的动力阻力机制，如图3-8所示。

**1. 由内而外自主突破驱动模式的动力与阻力机制**

(1)由内而外自主突破模式的动力机制。对于以解决内部技术性问题为主要目的的驱动模式，其动力机制可能主要是为了实现企业内部困境最小化。要使这种模式驱动的数字化转型有强大的动力源泉，首先要进行内部制度转型，其次要搞好推动数字化转型的文化建设，通过企业文化建设激发全体员工数字化转型意识。

(2)由内而外自主突破模式的阻力机制。在由内而外自主突破驱动模式下实施数字化转型，可能会招致企业内部个人层面和组织层面的双重阻力。个人层面的阻力可能主要来源于员工的工作惯性和僵化思维，组织层面的阻力可能既包括组织结构束缚和组织运行的惯性等显性阻力，还包括了保守型组织文化等隐性阻力。

**2. 由外而内压力反应驱动模式的动力与阻力机制**

(1)由外而内的压力反应模式的动力机制。对于以解决外部市场性问题为主要目的的压力反应模式的动力机制而言，这种机制可能主要为了实现企业外部困境最小化。因此，市场拉动、科技推动和政策激励可能是保持这种转型模式的持续动力。

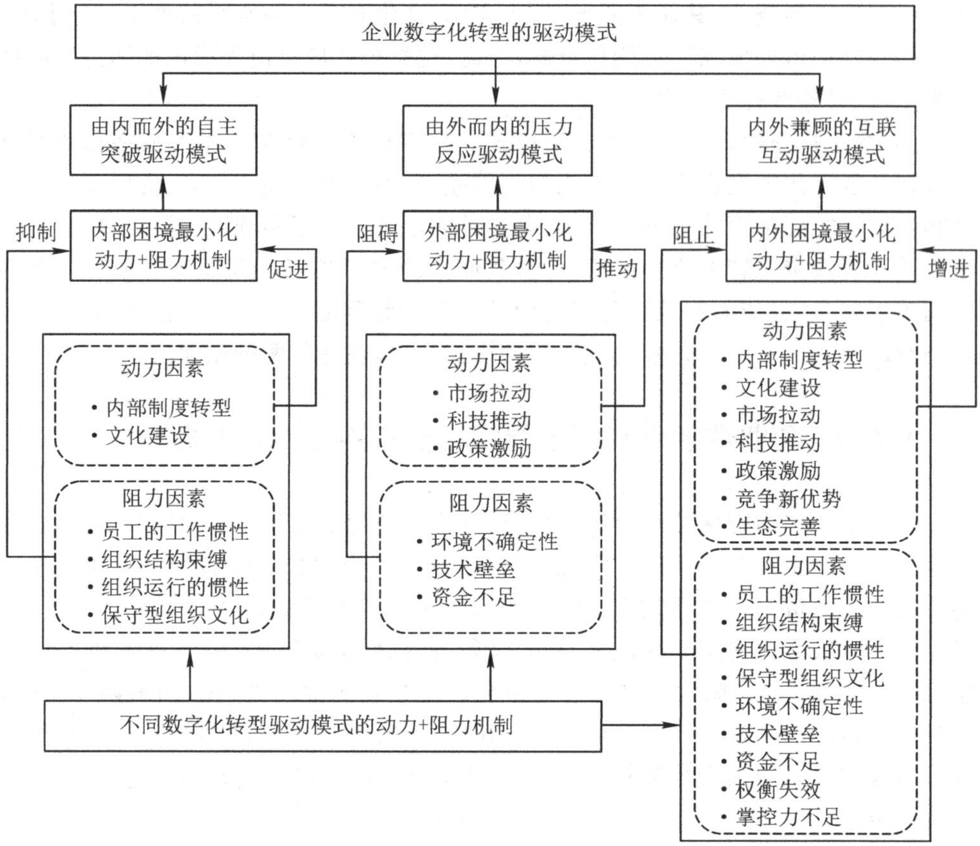


图 3－8　不同数字化转型驱动模式的动力与阻力机制分析

(2)由外而内的压力反应模式的阻力机制。企业在由外而内的转型中,可能将面临环境不确定性、技术壁垒、资金不足等阻力,从而增加了企业面对的外部问题,阻碍数字化转型实施。

**3. 内外兼顾互联互动驱动模式的动力与阻力机制**

(1)内外兼顾的互联互动驱动模式的动力机制。内外兼顾模式既关注内部技术性问题,也关注外部市场性问题,但在解决这两种问题的过程中还需兼顾内外部管理性问题,因此综合了上述两种模式的动力源,此外还有企业管理模式、工具、方法和程序等需逐步完善。

(2)内外兼顾的互联互动驱动模式的阻力机制。由上述分析可知,内外兼顾的转型模式也将可能受到上述两种类型的内部和外部的阻力因素的影响,同时可能还将因为难以权衡内外发展、难以掌控转型变化、持续性资金投入不足等原因阻碍数字化转型。

## 3.5 数字化转型给企业带来的影响及其发展趋势研判

随着新业态、新模式、新技术对传统产业冲击的不断加强，积极推行数字化转型已经成为全球企业的共识。数字化技术所带来的新理念和新商业模式也将进一步加快传统行业数字化转型的进程(倪克金 等,2021)。对于某一企业而言，数字化转型没有标准答案，只有最适合企业自身的路径和方法，因而数字化转型对不同类型企业具有差异化的适应性。本节主要采用实地调研方式深入挖掘数字化转型对不同企业的根本性改变，通过典型案例分析和多案例比较研究，预测企业数字化转型的发展趋势。

### 3.5.1 数字化转型给不同类型企业带来的根本性改变

下面采用实地调研与国内外数字化转型典型案例相结合的方法，深挖数字化转型给原生企业、次生企业和预生企业带来的根本性改变。针对数字化原生企业，本书试图从产业链、供应链和生态链角度解析数字化转型所带来的根本性改变；针对数字化次生企业，本书主要从客户的持续开发和维护方式、战略逻辑、管理逻辑、组织智商等角度解析数字化转型带来的根本性改变；针对数字化预生企业，本书从认知逻辑、发展瓶颈、企业效率等方面解析数字化转型带来的根本性改变，如图 3-9 所示。

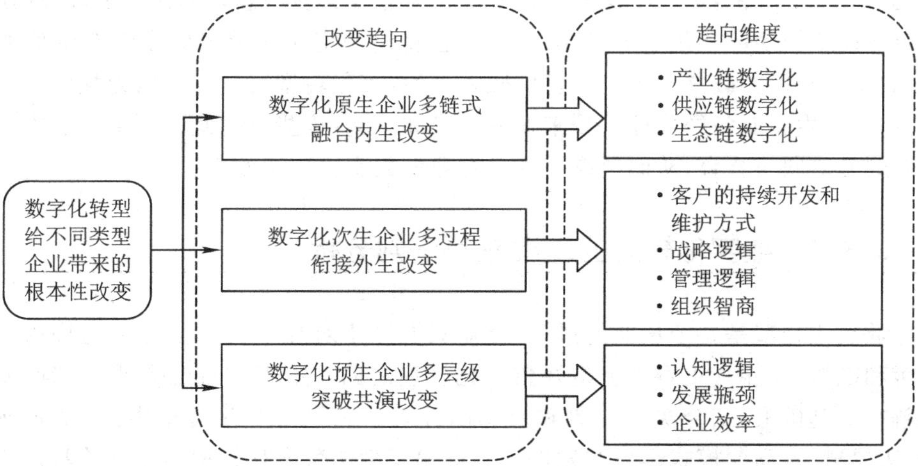


图 3-9　数字化转型给不同类型企业带来的根本性改变

**1. 数字化转型给原生企业带来的多链式融合内生改变**

数字化转型给原生企业带来的根本性改变主要可以从产业链数字化、供应链数字化和生态链数字化三个角度解析：①产业链数字化是指原生企业在数字化转型中可能对所拥有的产业链与企业内外部进行联通，当产业上下游形成紧密的关系以后，产业就链化了；②供应链数字化是指原生企业在转型中可能通过对供应链各个环节进行规划，实现企业供应链的互联网构建，让企业拥有较明显的竞争优势；③生态链数字化是指原生企业在转型中可能构筑高能级产业链，推动产业链整合，进而推动生态链的出现。

**2. 数字化转型给次生企业带来的多过程衔接外生改变**

数字化转型给次生企业带来的根本性改变主要可以从客户的持续开发和维护方式、战略逻辑、管理逻辑、组织智商等角度解析：①数字化转型可能使次生企业更快速、更准确地响应用户个性化需求，能更好地开发和维护客户；②数字化转型可能改变次生企业的战略逻辑，重点关注如何利用数字化技术面向用户的战略；③数字化转型将使次生企业的传统管理逻辑转变为数字化管理逻辑，管理方法、工具、程序等管理模式都将融入数字化技术；④企业的组织职能如投资、财务、人力资源、研发等都要进行不同程度的数字化革命，因此数字化转型将构建起职能间的无缝对接，形成一个关联联动整体，使组织具备“智商”。

**3. 数字化转型给预生企业带来的多层级突破共演改变**

数字化转型给预生企业带来的根本性改变主要可以从认知逻辑、发展瓶颈、企业效率等方面解析：①数字化转型将改变预生企业无转型意识的认知逻辑，促使此类企业加快推动数字化变革；②数字化转型将给预生企业带来更多创造价值的技术和机会，从而突破预生企业的发展瓶颈；③数字化转型通过以数据为载体的业务运行，给预生企业各经营环节带来新的改变和革新，这些改变使得预生企业内部形成有效的协同与整合，从而提高了预生企业的数字化转型效率。

### 3.5.2 数字化转型的发展趋势研判分析

数字化转型是一个长期的过程，企业只有基于对数字化转型发展趋势的深入思考和剖析，才能真正意义上走好数字化转型之路。本书在对已有研究和典型案例解析的基础上，结合实地调研和对比国外发达国家数字化转型实践，从企业运营、边界融合、商业模式运作和发展形态等角度剖析数字化转型的发展趋势。

**1. 企业运营生态化趋势研判分析**

数字化时代的企业运营，不再是以内部职能部门为主，而是以外部的生态圈来掌控内部的运营，业务是保留还是去掉，是否设立相关部门，要形成怎样的组织架构，这些问题都是根据外部的生态圈运作状态进行考量的（陈威如 等，2021）。本书采用实地调研、多案例比较和典型案例长期跟踪分析等方法，从企业运营生态化的角度解析数字化发展趋势。

**2. 边界融合模糊化趋势研判分析**

企业运营生态化趋势将促使企业边界模糊化。企业内部职能部门和外部生态圈的边界在数字化时代会越来越融合并变得模糊化，未来判断一个企业的边界将会越来越不清晰，企业的哪些外部机构和自身职能之间有互联关系，也将会越来越模糊。本书主要采用实地调研、多案例比较和典型案例长期跟踪等方法，从边界融合模糊化的角度解析数字化发展趋势。

**3. 商业模式运作混序化趋势研判分析**

发生边界融合模糊化后可能改变商业运作模式。传统企业特别强调掌控和命令，企业管理者至少扮演着核心制度的安排者、总体秩序的控制者的角色，但在数字化转型背景下，各种边界越来越模糊，企业将会容许运营过程中由下而上产生制度和秩序，将形成一个有机的、生机勃勃的制度流和秩序流，这种混序，并不是无序，而是一种基于变化的变化，这就是数字化时代商业运作的混序趋势。本书采用实地调研、多案例比较和典型案例长期跟踪分析等方法，从商业运作混序化的角度解析数字化转型的发展趋势。

**4. 发展形态数字化趋势研判分析**

商业运作混序化后可能出现新的发展形态，即数字化形态。过去的公司治理模式强调较大型企业注重于内部设立子公司、孙公司，呈现一个产权关系上的连接。而在数字化转型背景下，商业模式混序化后，企业可能更倾向于运用数字化技术，建立高效的外部关系（非股权）和扁平的组织架构。本书采用实地调研、多案例比较和典型案例长期跟踪分析等方法，从企业发展形态分析数字化转型的发展趋势。

企业数字化转型的未来发展趋势可总结如图 3－10 所示。

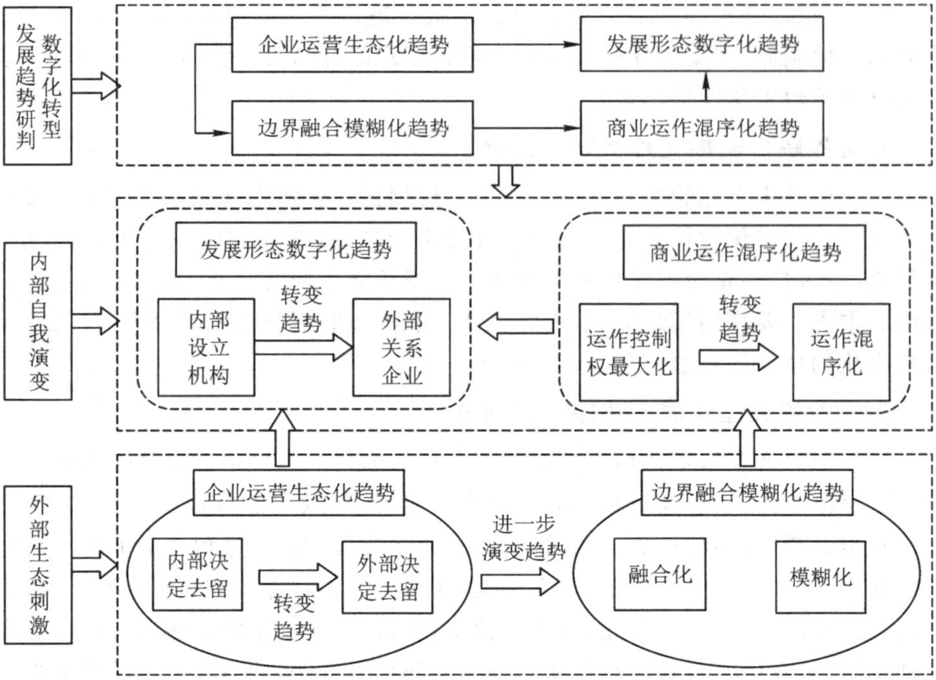


图 3-10　企业数字化转型的发展趋势研判

# 第4章

# 数字化转型情境下企业管理模式的适应性变革需求与变革机制

本章在分析数字化转型背景下企业管理适应性变革需求的基础上，对不同类型数字化企业的管理适应性变革方向进行重点剖析。

## 4.1 数字化转型情境下企业管理模式的适应性变革需求分析

本节基于数字化转型给企业带来的管理适应性变革压力，总结数字化企业的管理适应性变革需求，明确新时代背景下企业管理适应性变革的重要性及紧迫性，并在对不同类型数字化企业深刻理解的基础上，提出不同类型数字化企业的管理适应性变革方向。

### 4.1.1 数字化转型给企业带来的管理适应性变革压力

当今世界正处于从工业经济向数字经济转型过渡的大变革时代，数据成为驱动经济社会发展的新要素、新引擎。随着客户需求以及外部环境因素的加速变化，数字化技术和实体经济的结合越来越紧密，带来整个经济环境和经济活动的根本变化（黄丽华 等，2021）。经济增速的转换和结构的优化是我国当前面临的一个主要问题，消费市场也发生了不少变化，产品个性化及服务化受到青睐。为了适应技术和市场的变化，企业发展要更多地依靠信息、技术和知识等新要素来增强核心竞争力。企业作为经济活动的主体，须克服企业文化、发展战略、组织结构和业务流程等方面的变革压力，加速推动数字化转型。

**1. 企业文化变革压力**

企业文化变革的过程相当复杂且十分困难。一方面，为克服反弹，此类变革需要极大的权力支撑，而这种权力通常只能属于组织的最高管理者；另一方面，组织内部各级机构存在着相互依赖性，要改革就需进行全局性改革。这种改革涉及组织成员的价值观念、思维习惯、行为方式乃至心理的转变，也会使组织内部各种利益关系受到冲击；同时，企业文化具有坚固性和无形性，一旦形成则牢固不易更改，具有典型的企业文化的惯性，这种惯性在企业全新变革如数字化过程中表现得尤为明显，给企业数字化转型带来了巨大的压力。

**2. 发展战略变革压力**

企业作为社会的一个组成部分，与其他社会组织和成员有着密切的关联。当企业的战略变革要增强、减弱、改变、消除这些关联的时候，就会面临利益相关者的干预。如果不能处理好与利益相关者如政府、顾客、供应商、社区等的关系，变革就会遇到阻力，甚至由于利益相关者的反对，变革无法进行或者根本无法达成目的。同时，为了确保企业发展的稳定，发展战略的变革应当循序渐进地进行，而这与瞬息万变的技术更新相违背，会给企业数字化转型带来巨大的压力。

**3. 组织结构变革压力**

组织结构变革有时候需要大量的资源投入进去，结果却是不可预知的，这和风险投资有着一定的相似之处，事实上变革的风险通常是直接的，而变革获得的效益和结果是滞后于变革本身的，具有很大的潜伏性。在数字化时代，由于战略方向的选择错误，很可能在企业投入了大量的资源、精力、时间之后，结果却不尽如人意，这使人们对变革前景的担心、对未来前途的怀疑和恐惧增加，从而给企业数字化转型带来巨大的压力。

**4. 业务流程变革压力**

业务流程变革有赖于先进的生产技术和信息管理技术，尽管近年来我国大多数产品的柔性生产技术和信息化管理水平已经有了长足的进步，但从整体上看与国外企业还是存在着较大差距，实施业务流程变革还缺乏必要的技术保证，先进技术对业务流程变革的催化作用也显得十分微弱，这些都会给技术催化下的企业数字化转型带来巨大的压力。

本书主要基于国际、国内数字技术的发展和数字环境的变化，结合我国的发展条件和发展阶段，甄选出数字化转型给企业哪些方面的管理适应性变革带来压力，并识别不同类型数字化企业的管理适应性变革需求及变革方向，为找寻不同类型数字化企业管理适应性变革路径与实现方式提供合理参考。

### 4.1.2 不同类型数字化企业的管理适应性变革方向

基于上述数字化转型给企业带来的管理变革压力分析，总结出企业在企业文化、发展战略、组织结构和业务流程四个方面面临的变革压力。而企业由于数字化转型的成熟度不同，管理适应性变革的需求及方向也不同。在第 3 章中，我们根据数字化成熟度的等级将不同成熟度的企业划分为数字化原生企业、数字化次生企业和数字化预生企业三种类型。下面把企业管理适应性变革的压力与企业数字化转型的成熟度相匹配，厘清不同类型数字化企业的管理适应性变革需求及变革方向，如图 4－1 所示。

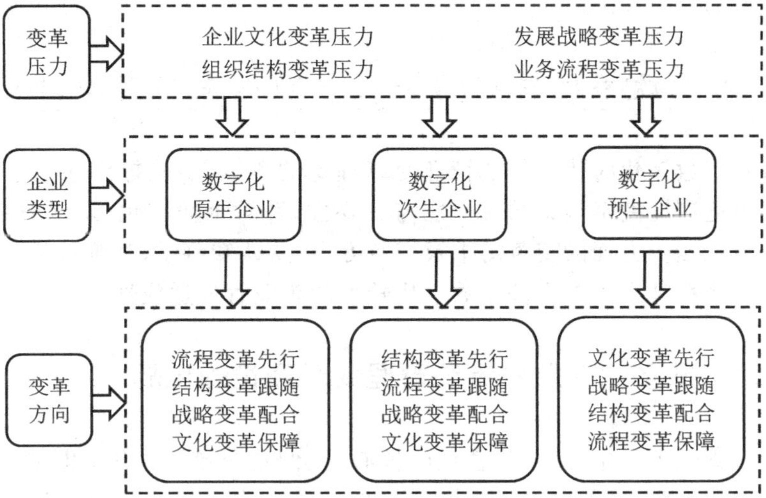


图 4－1　基于数字化转型的企业管理模式变革需求与变革方向

**1. 数字化原生企业的管理适应性变革方向**

数字化原生企业的管理适应性变革源于内生驱动的变革诉求，因此业务流程在企业的日常生产经营活动中最容易引领变革的开端；随着业务流程的不断优化，企业各职能部门也会相应进行变革以适应新流程的管理需求；作为具有前瞻性的企业战略，应密切配合业务流程和组织结构的变革并随之变革；而由于数字化原生企业中企业管理层与员工的数字化认知程度相对较高，则能作为管理适应性变革的重要保障。

**2. 数字化次生企业的管理适应性变革方向**

数字化次生企业的管理适应性变革源于对数字化转型的不断摸索，在企业各职能部门推广应用数字化技术；在企业各职能部门多点实验的基础上，业务流程也要开始跟随变革，以结果导向、客户导向、数字导向为流程再造的主要目标，在变革的过程中不断迭代优化；与此相伴随，企业战略也要不断变革，以配合操作层的价值链重构；而由于次生企业的员工在数字化认知上有一定的基础，能够为企业数字化转型带来一定保障优势。

**3. 数字化预生企业的管理适应性变革方向**

数字化预生企业的管理适应性变革源于领导层理念和观念的变革，还需领导层身体力行地推行数字化转型以激励全体员工;作为准备进行数字化转型的预生企业,在企业文化变革之后,首先要明确自身的战略定位,完成企业战略的变革;为配合企业战略变革的有效实施,各职能部门也要相应发挥各自的作用,积极推进数字化转型的进程;而由于预生企业刚开始进行数字化转型时相对困难,这就需要业务流程变革的强力保障。

## 4.2 基于数字化转型的企业管理适应性变革理论主张

本节基于数字化时代对传统管理变革理论的挑战,明确提出基于数字化转型的企业管理适应性变革理论的急迫性与必要性;针对企业文化、发展战略、组织结构和业务流程四个方面的变革需求及变革方向,从认知科学、决策科学、行为科学、控制科学四个科学视角提出基于数字化转型的企业管理适应性变革理论主张。

### 4.2.1 数字化转型对传统管理变革理论的挑战

在传统管理理论中,组织是管理的核心,人们总是借助组织,以授权的方式扩大管理者的能力和范围,以满足规模日益扩大的企业有序运作的需要。随着企业规模的扩大和机构的复杂化,组织会成长为一个与管理者意志相独立的有机体,运行效率越来越低(林琳 等,2019)。这一变化充分表明传统的管理理论正在面临挑战,企业的管理变革迫在眉睫。从早期的现代管理理论(权变理论、企业流程再造理论、复杂性理论)发展到双螺旋理论、冰山理论以及动态能力理论,再到数字化时代的到来,基于管理可计算性假说的数字化管理理论应运而生,企业的管理适应性变革力图摆脱对组织的依赖,消除企业边界,实现经营与管理的一体化,整合生产力的各种要素,为企业带来新的成长方式。本部分重点解析数字化转型背景下传统管理变革理论的适用边界,辨明传统管理变革理论在文化变革、战略变革、结构变革、流程变革四个方面的不足与局限,为提出适应数字化时代的管理适应性变革理论提供分析基础。

**1. 文化内涵识别挑战**

传统管理变革理论认为,企业文化的变革分别聚焦在员工个体的阻力,来源于人的某些特性,如个人习惯、对变化缺乏适应能力、对风险的疑虑;聚焦在文化的惰性、陈旧的价值观念等文化理念的阻碍(和云 等,2014)。而在数字化时代,技术的创新催生了许多企业文化变革所面临的新挑战,例如数字化文化内涵的识别与文化理念转变,都成为数字化转型道路上的阻碍。

**2. 发展战略指导挑战**

传统管理变革理论认为,企业管理者要视内外部条件变化而进行改变自身的发展战略。而在数字化时代，企业一味地随波逐流已经不能顺应社会的发展，企业的发展方向必须具有前瞻性，在战略上快人一步才能在数字化时代占领主要市场，成为新时代的领军企业。

**3. 职能结构重塑挑战**

传统管理变革理论认为，企业的组织变革和持续发展取决于企业对自身所处生存环境变化的调整适应能力。在企业内部，各业务职能板块、部门间相互沟通、合作，构建起与外部市场体系相似的系统协调管控机制，因此具备更强的适应能力和发展动力。在数字化时代，企业内部职能部门有着巨大的变革，许多新兴职位不断涌出，外部市场环境也是瞬息万变，都会给传统管理理论带来挑战。

**4. 操作流程再造挑战**

传统管理变革理论认为，应当考虑企业内部管理的实际情况，通过分析企业业务的特点和发展的客观需求，对企业业务流程有着全面清晰的认识和可实施的统筹规划，以及对成本和收益的全面评价与分析（和云 等，2014）。而在数字化时代，企业需要以流程再造为核心，从根本上改变企业运营模式和方法，从而满足未来发展需要。

### 4.2.2　基于数字化转型的企业管理适应性变革理论的提出

在厘清数字化转型给传统管理变革理论带来的新挑战后，辨析新时代管理变革理论的特殊性与着力点，是基于数字化转型的企业管理适应性变革理论构建的基本前提。为了推进不同类型数字化企业的管理适应性变革实践，满足企业文化、发展战略、组织结构和业务流程四个层级的变革需求，本部分通过整合认知科学、决策科学、行为科学、控制科学等交叉学科视角，提出基于数字化转型的企业管理适应性变革理论主张，为后续阐明基于数字化转型的管理适应性变革机制与路径提供理论基础。

**1. 认知科学视角**

认知科学是一门探究人脑或心智工作机制的前沿性尖端学科，旨在研究人如何获取、加工、保持和利用信息，并据以作为行为和获得后续知识的基础。在数字化转型背景下，企业应对内外部环境的压力与挑战有所认知，形成数字化时代的文化理念，明确数字化发展目标，制定战略发展方向。

**2. 决策科学视角**

决策科学是建立在现代自然科学和社会科学基础上的，研究决策原理、决策程序和决策方法的一门综合性学科，是现代科学技术在复杂的社会因素中高度发展的结果，对于实现决策科学化有着非常重要的意义。在数字化转型背景下，企业应有效识别数字化决策环境，运用数字化技术优化决策流程，迅速准确地做出正确决策。

**3. 行为科学视角**

行为科学是运用自然科学的实验和观察方法，研究自然和社会环境中人的行为以及低级动物行为的科学，着眼于一定组织中的人的行为研究，使管理科学由以“事”与“物”为中心的管理发展到以“人”为中心的管理。在数字化转型背景下，企业应注重群体心理的管理，发挥群体动力，增强群体凝聚力，减少群体内部冲突，加强与管理者配合力度与默契，有效提高管理效率。

**4. 控制科学视角**

控制科学以控制论、信息论、系统论为基础，研究各领域内独立于具体对象的共性问题，对于各具体应用领域具有一般方法论的意义，而与各领域具体问题的结合，又形成了控制工程丰富多样的内容。在数字化转型背景下，企业应注重控制各层级、各职能部门、各流程和谐运行，创新优化数字化流程，提高效率降低错误率。

上述分析表明，认知科学、决策科学、行为科学、控制科学等四个学科视角的整合，可以很好地阐述数字化时代企业文化、发展战略、组织结构和业务流程四个方面的变革需求。本书结合上述四个学科视角和与之相对应的管理适应性变革四个层级，提出以“认知—决策—行动—反馈”为要素的 ADAF 管理适应性变革理论，以期应对数字化时代对传统管理变革理论的挑战。

## 4.3 基于数字化转型的企业管理适应性变革分析框架

基于上文提出的以“认知—决策—行动—反馈”为要素的 ADAF 管理适应性变革理论主张，本节深度解析数字化时代企业管理适应性变革的层级特征，并在此基础上辨析不同管理适应性变革层级在数字化背景下的战略定位，提出基于数字化转型的管理适应性变革分析框架。

### 4.3.1 数字化转型情境下企业管理适应性变革的层级解析

从上述数字化转型给企业带来的管理适应性变革压力的阐述中可以看出，企业应从企业文化、发展战略、组织结构和业务流程等多个方面进行管理适应性变革，基于此，本书将管理适应性变革层级对应地划分为价值观层、战略层、职能层、操作层等四个层级，探析各个层级的独特特征，为后续构建企业管理适应性变革机制与路径提供必要的概念基础。

**1. 价值观层**

企业文化是在一定的条件下，企业生产经营和管理活动中所创造的具有该企业特色的精神财富和物质形态，企业文化变革的核心是价值观的变革（黄大禹 等，2021）。在推进企业数字化进程中，管理者必须为企业建立新的价值观，以团队精神为核心，形成数字化时代的文化理念，建立以团队导向、成果导向、相互信任、分工明确、企业利益高于一切的企业文化是企业成功变革的重要保证。

**2. 战略层**

转变企业生产经营和长期发展的战略和目标，这是企业战略变革管理的核心。企业根据环境变化，依据本身资源和实力选择适合的经营领域和产品，形成自己的核心竞争力，并通过差异化在竞争中取胜。在推进企业数字化进程中，企业的长期发展目标应当随之转变，发展战略也应与数字化转型紧密结合，这将导致企业的组织、产品、服务、流程、市场发生根本性变革。

**3. 职能层**

企业组织结构的变革大多由于内部和外部环境因素引发的。外部因素如市场竞争环境愈加激烈、企业购并重组、客户需要；内部因素如新产品的生产和营销、技术变革、人的变革。在数字化时代，越来越多的企业将原有的金字塔型组织结构转变成扁平化结构，这样可以加快企业的反应速度以应对瞬息万变的数字化市场变革。同时使每个数字化业务单位的主管有足够的授权，进行明确的职责划分与合理的分工，这样企业可以有效地进行目标和绩效管理。

**4. 操作层**

传统的管理流程是自上而下的，而数字化时代的管理变革过程中，由于组织结构和技术的变革，流程必然发生变革。在数字化时代，管理流程应当由以往串行的流程转变为并行的流程，从单向单渠道的流程转变为交互式多渠道的流程（胡媛媛等，2021）。由于交互式多渠道的业务流程可以使企业各管理层级之间有效地完成双向沟通，应对来自企业自身的数字化流程变革，可以适应数字化环境的变化，通过优化资源配置，高效率地完成组织的目标。

## 4.3.2 基于数字化转型的管理适应性变革 ADAF 分析框架

基于以“认知—决策—行动—反馈”为要素的 ADAF 管理适应性变革理论，本部分解析价值观层、战略层、职能层、操作层等管理变革层级，以期解决企业在数字化转型中面临的企业文化、发展战略、组织结构和业务流程等四个方面的适应性变革问题，构建基于数字化转型的“认知—决策—行动—反馈”ADAF 管理适应性变革分析框架，具体框架如图 4-2 所示。

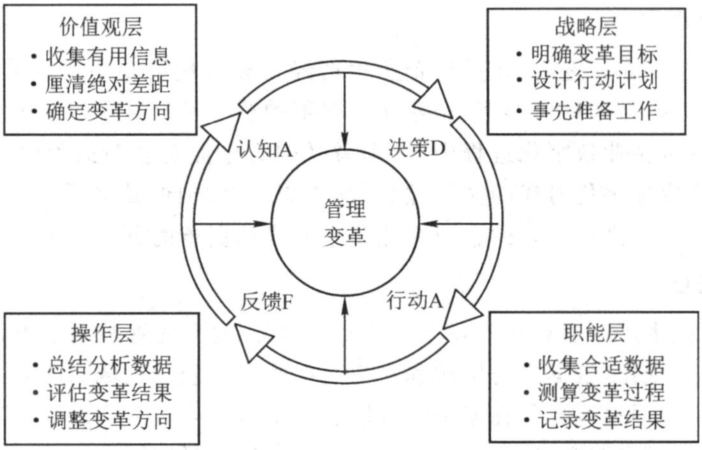


图 4-2 基于数字化转型的管理适应性变革 ADAF 分析框架

具体来说，在数字化转型背景下，企业管理适应性变革应按认知、决策、行动、反馈四个步骤进行。数字化技术将对企业生产经营造成重大影响，企业应当对数字化转型有充分的理解与认知。这种数字化认知不仅要求企业有着敏锐的数字化直觉，还对其文化理念转变提出了更高的要求。首先，企业通过认知内外部环境压力，确定价值观层的变革方向，在理解外部需求的前提下收集有用信息；其次，在对数字化转型充分认知后，企业的管理适应性变革主要集中在企业战略层面，迫使企业结合自身资源情况进行面向数字化转型的战略选择，此时企业应当明确变革目标，设计具体的行动计划并做好数字化转型准备工作；再次，由于企业的组织结构服从发展战略，企业为实现其变革目标需要对职能层进行分工和协调，适当调整组织结构来平衡企业组织内数字化与专业化两方面的需求，在此过程中应注意收集相应信息和数据，测算变革的过程并记录相关结果；最后，由于数字技术在不同行业不同领域的应用程度不同，应及时推动企业操作层变革，此时应当总结分析数字化转型信息和相关数据，对变革结果进行评估，通过反馈调整变革方向，确保数字化转型能够从各个层级得到变革保障。

## 4.4 基于数字化转型的企业管理适应性变革机制

本节从上文提出的管理适应性变革新理论出发，运用数字化背景下的 ADAF 分析框架，在对价值观层、战略层、职能层、操作层等四个变革层级进行深度解析的基础上，分别构建基于企业文化、发展战略、组织结构和业务流程的四重管理适应性变革机制，如图 4-3 所示，为后续挖掘各类企业基于数字化转型的管理适应性变革关键路径的选择提供分析基础。

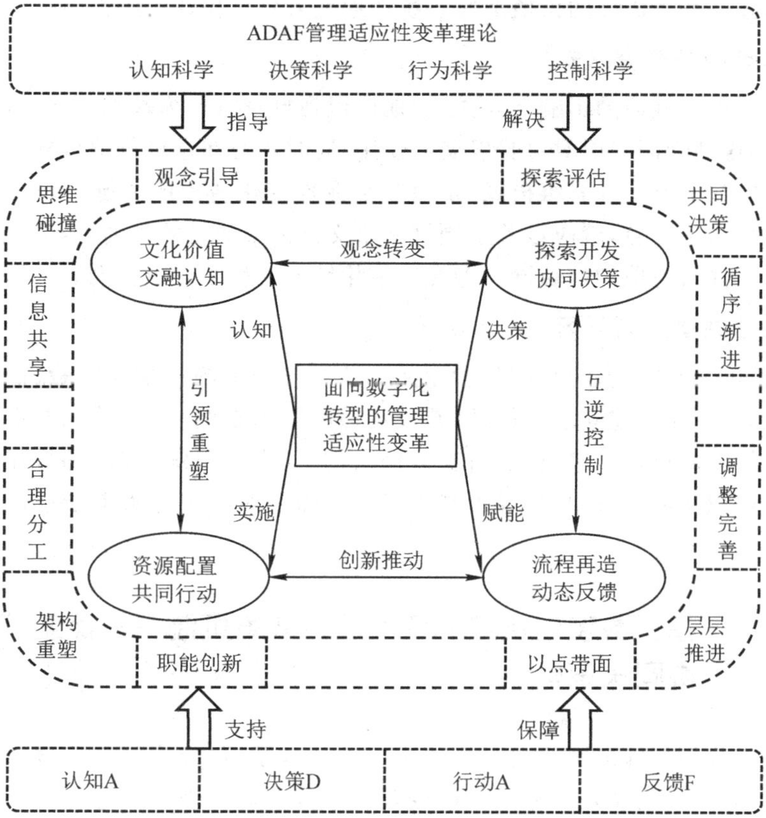


图 4-3 基于数字化转型的企业管理适应性变革机制

## 4.4.1 基于数字化认知的企业文化变革机制——文化价值交融认知机制

在企业数字化转型过程中，企业文化适应性变革是其中至关重要的一环，若要满足不同类型数字化企业文化变革的需求，解决企业在文化变革过程中所遇到的问题与挑战，需要系统地构建基于数字化认知的企业文化适应性变革机制——文化价值交融认知机制。本部分着重强调在企业文化适应性变革中价值观的引导作用，一个良好的价值取向能够保障企业顺利完成数字化转型。

**1. 观念引导树立文化**

作为企业文化的塑造者、建构者及引导者，企业领导者在做好常规管理工作的基础上，应特别关注有利于企业文化革新的氛围的塑造。在面对数字化转型的大环境下，领导层引导企业员工对自身积极进行归纳总结，形成一种拥抱变革的“文化视野”，并力争将优良的价值取向系统性地融入数字化转型工作中。

**2. 思维碰撞交融认知**

在不同思维碰撞的影响下，有意识地认识到自身的行为基础，逐步认清价值取向，并认同这种价值取向对自身发展的作用，同时决心在这种价值取向下形成具有自身特色的行事方式和思维模式，是保障企业数字化转型的关键一环。下决心构建企业文化体系之后，就应该着手制订一个文化体系建设的计划，企业的价值观要传递给员工并获得他们的认同才能在数字化转型过程中得以贯彻。

**3. 信息共享共同学习**

鼓励员工分享在参与数字化转型文化变革过程中的困难与经验，让组织成员参与讨论，目的在于建立彼此信任、开放沟通的变革氛围，减少员工的不安全感和对数字化转型的负面情绪，倡导自我监控、自我反省的组织学习机制，在有关数字化转型的组织学习过程中，领导者与组织成员需要对组织行为不断地进行自我监控与反省。

### 4.4.2 基于数字化决策的企业战略变革机制——探索开发协同决策机制

在企业规划好保障数字化转型的企业文化体系后，应当制定适合企业长期发展的战略目标，推动企业战略适应性变革。本部分着重强调数字化转型战略方向的重要性，变革领导者应当在确认战略方向时兼顾多方利益，联合企业各层级干部共同决策战略目标，有效推进基于数字化转型的战略变革。

**1. 战略方向探索评估**

获得真切的战略性洞察可以为下一步采取管理适应性变革行动指明方向，有助于引领企业顺应时代的发展，获得长远的战略价值（肖静华，2020）。变革领导者需要建立起适应数字化时代新战略要求的思维方法与思维习惯，好的思维方法与思维习惯是使领导者对数字化未来保持敬畏、探索发展的良方。

**2. 协同决策战略目标**

在企业内部面向数字化转型的各种管理适应性变革推进过程中，由于内部组织模块的密不可分，资源整合能力是确保变革成功的关键（余义勇 等，2016）。高层管理者的支持使向数字化转型的战略层面变革的推行得到支持和贯彻；中基层干部的广泛参与，才能够有效推动数字化情境下战略变革的进程。

**3. 循序渐进推动变革**

渐进性的战略变革是一系列持续、稳步推进的变化过程，它使企业在向数字化转型中能够保持平稳、正常运转，在某一刻只影响企业数字化体系当中的某些部分。变革领导者在不影响变革时机把握以及变革效果的情况下，应该尽量放慢面向数字化转型的战略变革节奏。

### 4.4.3　基于数字化实施的企业结构变革机制——资源配置共同行动机制

在企业建立起数字化转型的战略目标后，企业的组织结构需要进行资源的重新配置，推行敏捷的组织架构才能最大化提升数字化转型能力。本部分致力于企业资源配置的最优化，重塑组织架构，引导全体员工共同行动推动面向数字化转型的组织变革。

**1. 资源配置合理分工**

企业设置不同的职能部门进行精细化分工，有利于提高数字化管理工作的质量和效率。现代企业组织结构的种类很多，如多维立体结构、模拟分权结构等，不同的组织结构的运行效率也不甚相同，因此在数字化时代，需要管理者与员工通力合作，尽快找到资源效率较高的组织结构，促使数字化转型快速推进。

**2. 共同行动架构重塑**

对于组织成员积极性的调动也是数字化转型中必不可少的一环，这使他们树立主人翁意识，认识到作为组织中的一员每个人都有着不可推卸的推行数字化转型的责任和义务，可以让他们参与组织结构计划的制订，对于组织结构变革过程中的各个环节提出自己的意见和建议，使每个员工能够真正参与到数字化转型中来。企业资源、时间和精力是有限的，必须分阶段实施组织变革，确保每个阶段某些组织变革目标能够取得良好的成效，提供数字化转型成功概率。

**3. 多点开花职能创新**

扁平化、去中心化的组织结构是数字化转型的组织保障。去层级化把数字化运营的决策权交给一线的员工，让最接近客户和消费者的职能部门参与数字化决策；去中心化通过组建数字化转型团队，实现服务前端客户的目标，提升数字化转型的外部支持。

### 4.4.4　基于数字化赋能的企业流程变革机制——流程再造动态反馈机制

在企业重塑组织结构后，应当以业务流程变革为中心，重新设计企业数字化转型的管理过程，从整体上确认企业的数字化作业流程，追求全局最优。本部分强调集中集体的智慧和高层的判断力，全员参与、全员设计，共同推行数字化时代新的适应客户和市场需求的经营模式。从局部到整体，慢慢推行数字化环境下新的经营模式，并不断完善规范，实现对数字化转型过程的动态反馈。

**1. 以点带面局部试点**

在全面推进企业数字化转型流程再造时，先选定试点职能部门，进行局部试点，对数字化转型实施方案和新流程进行试验性验证。根据试点采集的信息分析情况，以及对方案预期目标的验证情况，对数字化转型设计方案进行完善、修订，对转型预期目标进行调校，确定转型方案实施顺序和重点。

**2. 层层推进流程再造**

在向数字化转型的创新与变革文化包围下，进行全员发动，自下而上，引导员工发挥积极性和原创精神，积极参与数字化转型工作。发挥组织上下的集体判断力，层层推进，根据数字化时代新的客户要求和市场需求，为企业选定新的与数字化转型模式相配套的运营模式。

**3. 改进完善动态反馈**

在数字化转型新流程运行过程中，要不间断地对全新流程与运营模式之间的适应性进行调校，并进行有计划的推广，让价值链相关企业、客户、利益相关人知晓和关心数字化转型进程，并及时给予评定反馈。流程再造并非一劳永逸，而是一个循环往复、逐级递进的过程，企业要根据数字化进展情况，对新的业务流程反复改进，不断完善。

# 第 5 章

# 面向数字化转型的企业管理适应性变革路径与实现方式

应用第 4 章构建的基于数字化转型的管理适应性变革"认知—决策—行动—反馈"ADAF 分析框架，本章将分类设计数字化原生企业、数字化次生企业、数字化预生企业的差异化管理适应性变革路径与实现方式。

## 5.1 面向数字化转型的企业管理适应性变革路径构建

本节通过第 4 章构建的 ADAF 分析框架对数字化转型中管理适应性变革过程进行解析，结合四重变革机制对基于数字化转型的管理适应性变革内容、对象进行深入探讨，并站在整体的视角提出企业面向数字化转型的管理适应性变革总体构建思路。

### 5.1.1 面向数字化转型的管理适应性变革认知过程

鉴于数字化技术对企业原有技术、生产经营和管理决策等造成的潜在冲击，企业应对数字化转型建立充分的理解与认知，这种数字化认知不仅要求企业管理者有着敏感的数字化直觉，还对其数字化思维提出了更高的要求，不仅要求其对数字化技术个别属性和特性有着高度认知，还要对数字化技术的整体及其相互联系有着深入理解。同时，管理者还需具备数字化思维，运用已有的知识和经验去间接、概括地认识数字化，揭露数字化的本质特征及其内在规律，解决数字化转型中的各种难题。此外，管理者也肩负着营造良好企业文化的责任，需要与员工建立相互信任的协作关系，在数字化转型背景下逐步确立企业的经营哲学，以此作为指导企业数字化转型的基础。最后，管理者还需提炼企业的价值观，并持之以恒建立公司层面向数字化转型的意义、目的、宗旨的价值评价体系和群体意识，促使全员追求数字化转型的价值目标。因而，在企业面向数字化转型的管理适应性变革过程中，企业必须树立积极的价值观，避免因不愿付出变革代价等经营短视行为而错过数字化转型的最佳时期。因此，数字化认知是企业面向数字化转型的管理适应性变革的根本，只有树立了适合企业发展的正确价值观认知，才会给数字化转型和管理变革决策打下良好的基础。

### 5.1.2 面向数字化转型的管理适应性变革决策过程

在对数字化转型充分认知的基础上，企业管理者应着手制订变革决策方案，主要集中在企业战略层面。企业首先要对当前公司层战略进行全面复核与变革，制订相应的战略变革计划。数字化转型往往意味着企业在一段时间内资金的持续投入及业务精力的偏移，促使企业结合自身资源配置状况进行战略选择（戚聿东 等，2021）。充分利用数字化转型机会，发掘企业内部优势资源，在现有资源基础上向更高一级数字化方向发展，同时，限于经营环境与内部条件，企业可能在数字化转型期内，长期保持在战略起点的范围。其次，企业需进行竞争战略的选择。面对数字化转型，企业竞争战略或许发生变化或调整以适应新的要求，一方面，企业可以使用数字技术压缩运营成本，保持成本领先（韦影 等，2021；朱秀梅 等，2022）；另一方面，由于新技术的开发与应用，实行差异化或集中差异化战略也是可选的方向。而在职能层战略方面，对数字技术的应用可以极大地提高各部门的工作效率，甚至带来全面的革新与发展（王永贵 等，2021；赵宸宇 等，2021）。另外，数字技术同样可以成为决策工具，在企业面向数字化转型的管理适应性变革中辅助管理层进行战略决策，提供更加强有力的决策依据与技术支持。

### 5.1.3 面向数字化转型的管理适应性变革行为过程

企业战略的变革具有前导性，在战略计划实施的行为阶段则需要考虑已有战略框架下的组织结构调整，这对数字化转型的推行至关重要（肖静华，2020）。组织结构调整是企业为实现其战略变革目标而进行的各种分工和协调，适当的组织结构调整可以平衡企业组织内专业化与整合化两方面的需求，运用集权和分权的手段对企业数字化转型活动进行组织和控制。其后需要对组织结构变革予以有力执行，企业应实现客户价值目标导向性，进行有先后次序及明确安排的转型执行步骤，不断优化执行次序，缩减中间环节，提高转型效率。尤其是数字技术在不同企业的应用势必会带来原有执行人员的更新（罗文豪，2020），这要求企业在吸引和留住数字化人才方面提前制定必要的措施，为数字化转型提供必要的人才保障。

### 5.1.4 面向数字化转型的管理适应性变革反馈过程

面向数字化转型的管理适应性变革往往不是一蹴而就的，需要经历多次、反复的动态演进才能最终实现变革成功(姚小涛 等，2022)。在数字化转型过程中，一次变革结束之后应该对变革的效果进行全面彻底的评估，合理估计如何在下一次变革中优化与改进变革的结构流程、方式方法以及人员安排等，并将评估结果反馈至下一轮变革全过程，不断更新企业对数字化转型的认知，为面向数字化转型的管理适应性变革决策提供进一步的决策依据，规避先前变革中遇到的问题与阻力，提高数字化转型的效率。

上述分析表明，数字化转型既是管理适应性变革的适应对象，也是触发管理适应性变革的必要条件。如今，数字化转型作为“刚性需求”，对企业的生存发展起着关键性作用。本部分以数字化转型作为管理适应性变革的起点和触发机制，在变革认知过程方面探讨企业文化与管理层认知的转变；在变革决策过程方面将战略分解为三个层级逐一研究；在行为过程方面从结构到流程到人员，层层递进分析；在反馈过程方面评价变革效果，反馈并触发下一轮变革，以期从整体上构建从认知到决策到行为再到反馈全过程的闭环路径，如图 5-1 所示。

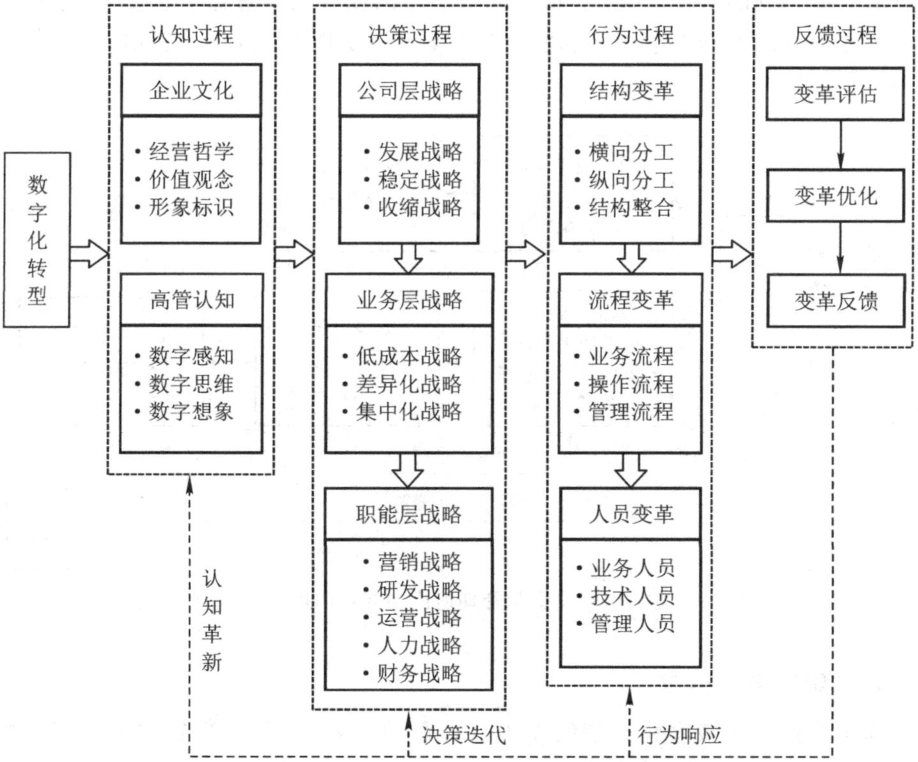


图 5-1 面向数字化转型的企业管理适应性变革路径

## 5.2 数字化原生企业管理适应性变革的探索-开拓型路径及其实现方式

本节针对数字化原生企业的驱动模式和转型特性，解析原生企业在数字化转型中的管理适应性变革关键路径选择决策，构建适用于数字化原生企业的探索-开拓型变革路径，并设计以“内生驱动—前瞻布局—数字创新—生态重塑”为指导思想的操作层变革引领、职能层变革跟随、战略层变革配合、价值观层变革保障的实现路线。

### 5.2.1 数字化原生企业的探索-开拓型路径构建

原生企业对于数字化并不陌生，往往是已实现数字化转型或天生数字化的企业，这类企业面向数字化转型的管理适应性变革通常来自内部自我压力。由于是行业数字化的先驱者，原生企业在数字化创新与应用过程中经常会发现全新问题和管理困境，促使原生企业为不断适应数字化发展的需求而进行管理适应性变革。但由于很难找到可以参考的变革方式与关键路径，因此原生企业在成长中为了适应更加复杂动荡的环境变化，不断驱动自身由内而外的管理适应性变革，主观寻求变革内容与方式的新探索，开拓适合自身数字化转型特征的管理适应性变革路径，如图 5-2 所示。

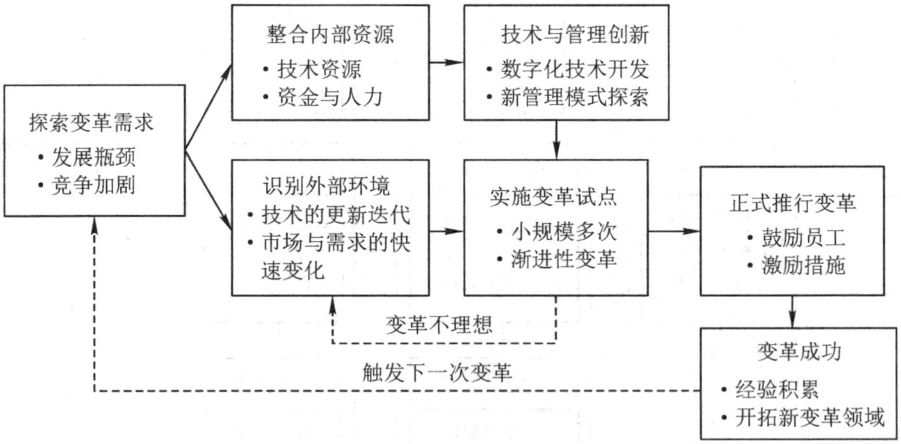


图 5-2 数字化原生企业管理适应性变革的探索-开拓型路径

#### 1. 探索变革新需求

原生企业作为数字化转型的先驱与行业领导者，需要在激烈的市场竞争中不断变革，以防因故步自封而失去竞争优势。尤其在数字经济时代，新技术的发展与变化不断加速，用户的需求也在不断发生改变，原生企业更需要在数字化过程中发掘管理模式变革的新需求，以突破发展瓶颈(倪克金 等，2021)。由于具备一定的技术与资金优势，原生企业可以在数字化技术的研发上不断探索，作为变革的触发因素或决策支持工具。鉴于原生企业数字化成熟度较高，变革推行并不会存在太多的阻力，管理层需要做的更多是鼓励并信任员工，制定适当的激励措施，稳步推动企业数字化变革的成功。

**2. 开拓变革新领域**

原生企业在逐步推行数字化变革的过程中将积累大量成功经验，使变革本身从企业层面的活动变成一种组织层面的动态能力，持续地建立、调适、重组其内外部各项信息、知识和关键资源，为企业创造价值。每一个领域的成功变革，还会触发原生企业对下一次变革需求的系统搜索，开拓崭新的变革领域(袁淳 等，2021)。如各个职能部门的管理变革，协作模式、信息获取与人员弹性的优化调整，以及对新的业务领域、经营范围与合作伙伴的全面变革，都可以成为原生企业数字化变革的新领域。

### 5.2.2 数字化原生企业探索-开拓型路径的“内生驱动—前瞻布局—数字创新—生态重塑”实现思路

本部分结合数字化原生企业自身特质与变革路径特征，以“内生驱动—前瞻布局—数字创新—生态重塑”为核心思想，设计数字化原生企业探索-开拓型变革路径的实现思路。

**1. 内生驱动**

面对数字化转型复杂不确定性的外部环境，原生企业的管理适应性变革动因应从组织内部产生，受制于企业数字化技术的创新与优化水平，因而数字化原生企业应在动态变化的复杂环境中不断提升自身的数字化技术开发与应用能力，维持自身持续的竞争优势。

**2. 前瞻布局**

针对未来市场与客户需求可能发生的剧烈改变，原生企业应保持清晰冷静的战略思维，构筑适应环境变化的战略前瞻与战略计划能力，提前对可能发生的数字化转型变化进行研判与预测，提前为企业未来的数字化发展方向布局。

**3. 数字创新**

对于原生企业来说，除了关注已有数字化技术的应用，还需要致力于数字技术的创新。原生企业作为数字化领域的领头羊，同样应成为数字化技术的创新引路人，只有不断进行数字化技术创新，才能始终保持行业领先地位。

**4. 生态重塑**

原生企业在立足于本领域的同时，应能够重塑本领域的数字化生态，成为标准规制的制定者。原生企业应紧密联系价值链上下游，与竞争对手保持动态的竞合关系，并在企业内部构建有活力的组织生态，培养创新型企业文化。通过企业内外齐头并进，不断重塑企业所在领域的数字化生态。

### 5.2.3 数字化原生企业“操作层变革引领、职能层变革跟随、战略层变革配合、价值观层变革保障”实现路线图

在上述核心思想的指引下，结合上述管理适应性变革的四个层级，原生企业面向数字化转型的管理适应性变革路径可具体体现为操作层变革引领、职能层变革跟随、战略层变革配合、价值观层变革保障，如图 5-3 所示。

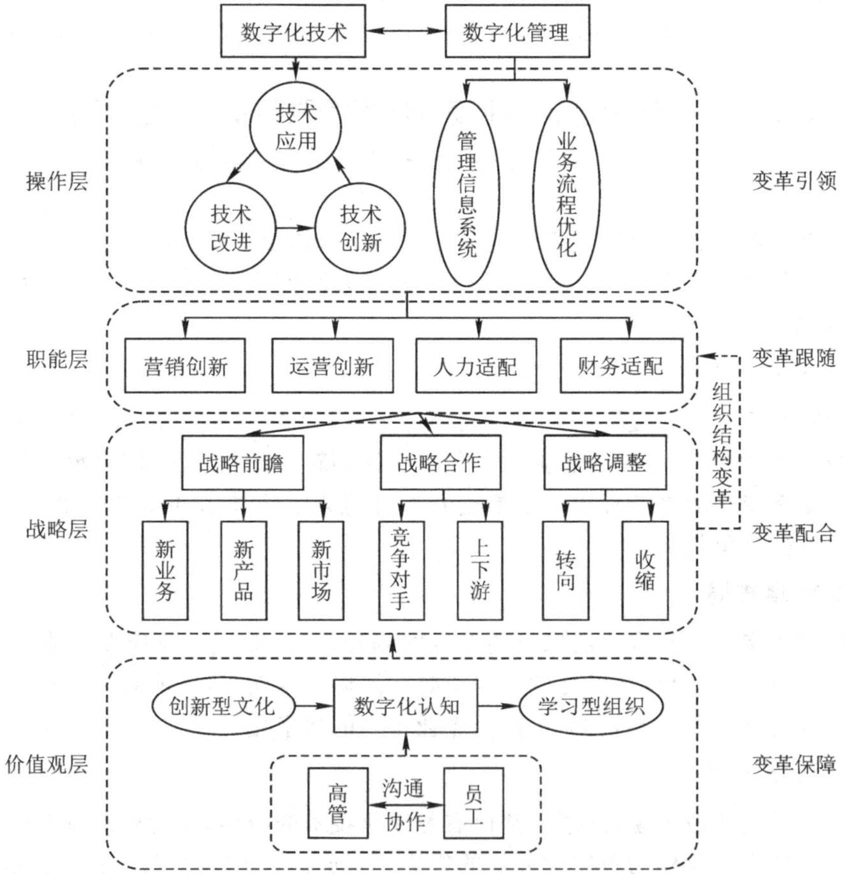


图 5-3 数字化原生企业管理适应性变革实现路线图

**1. 操作层变革引领**

数字化原生企业的管理适应性变革并非来自外部环境压力，而是起源于内生驱动的数字技术更新诉求。因而，操作层的技术与流程在企业日常生产经营活动中最易引领变革的开端。数字化技术已经在原生企业中广泛应用，但现有技术的应用难以成为原生企业发展的持续价值增长点，需要原生企业在现有技术应用的基础上，进行模块化、去中心化的改进，抑或是注重应用场景的推广与延伸，进而引发新技术的创新，使得原生企业始终在技术上引领行业甚至整个社会的技术发展。另一方面，企业内部的数字化管理技术如 ERP 等管理信息系统的应用催生了业务流程的变革，原生企业在现有业务流程中已经实现了一定程度的数字化（吴非 等，2021）。随着企业规模的扩张与用户需求的增长，优化数字业务流程，提高数字业务效率，实现数字业绩增长，也是数字化原生企业操作层变革的一环。

**2. 职能层变革跟随**

随着技术的创新与业务流程的优化，原生企业各职能部门也应相应进行管理变革以适应新技术与新流程的管理需求。尤其是在原生企业的营销与运营环节，创新型的营销策略和营销渠道等都成为职能层变革的重要内容。而人力资源与财务等职能部门则应相应进行变革适配，跟随操作层的变革匹配相应的人员与制度，例如给予数字化员工适当的创新激励，加大数字化变革所需的财务预算等，提振各职能部门面向数字化转型的变革动力与变革积极性。

**3. 战略层变革配合**

对于原生企业来说，谋求企业长期可持续发展是管理适应性变革的重要目标之一，要求相应的战略变革具有一定的前瞻性（戚聿东 等，2021）。原生企业具备一定的技术资源与信息优势，利用自身优势把握行业发展前沿，精准攫取用户新需求，促进自身新的战略思考。例如，原生企业在进军新的业务领域时，需将自身的技术资源优势合理嫁接到新的前沿领域，在变化的市场中寻找先发优势；或者开发新的数字化产品，迎合不断变化的用户需求，稳固现有市场；还可以开发新的市场空间，扩展现有的细分市场，加入周边的战略群组；与竞争对手保持良好的竞合关系，与上下游产业链建立新的合作，巩固现有联盟关系等；还包括可能存在的战略调整，对现有业务的整合，劣势业务的收缩和转向等，促使原生企业运用自身的数字化资源，最大限度配合管理适应性变革目标的实现。

**4. 价值观层变革保障**

由于原生企业数字化成熟度较高，企业管理者与员工也有较高的数字化认知程度，管理者与员工之间基于数字化技术的有效沟通与协作大大提高了原生企业管理适应性变革成功的概率。作为变革成功的重要保障，原生企业需要构建创新型文化，在数字经济时代鼓励全员不断学习与吸收新知识、新技术，鼓励员工的创新行为,构建通过培养贯穿整个组织的学习气氛、充分发挥员工的创造性思维能力而建立起来的一种有机的、高度柔性的、扁平的、可持续发展的学习型组织,为原生企业重塑良性循环的数字化生态保驾护航。

## 5.3 数字化次生企业管理适应性变革的延续-改进型路径及其实现方式

本节主要针对次生企业的数字化转型特性,解析次生企业在数字化转型背景下的独特管理适应性变革路径,构建适用于次生企业的延续-改进型变革路径,并以“多点实验—快速推进—技术突破—协同共创”为指导思想,设计次生企业面向数字化转型的职能层变革引领、操作层变革跟随、战略层变革配合、价值观层变革保障实现路线。

### 5.3.1 数字化次生企业的延续-改进型路径构建

数字化次生企业的管理适应性变革需求大多来自外部数字化环境的压力,飞速变化的市场与技术环境迫使次生企业主动寻求变革,以维持其在行业中的地位(严子淳 等,2021)。与原生企业不同,在数字技术的持续冲击下,次生企业需要内部多部门之间协调配合,多点推进变革的实施,以最快的速度整合资源,制订数字化转型方案,并需要企业管理层以积极的态度引导支持计划的实施,确保变革的有序进行。次生企业面向数字化转型的管理适应性变革路径如图 5-4 所示。

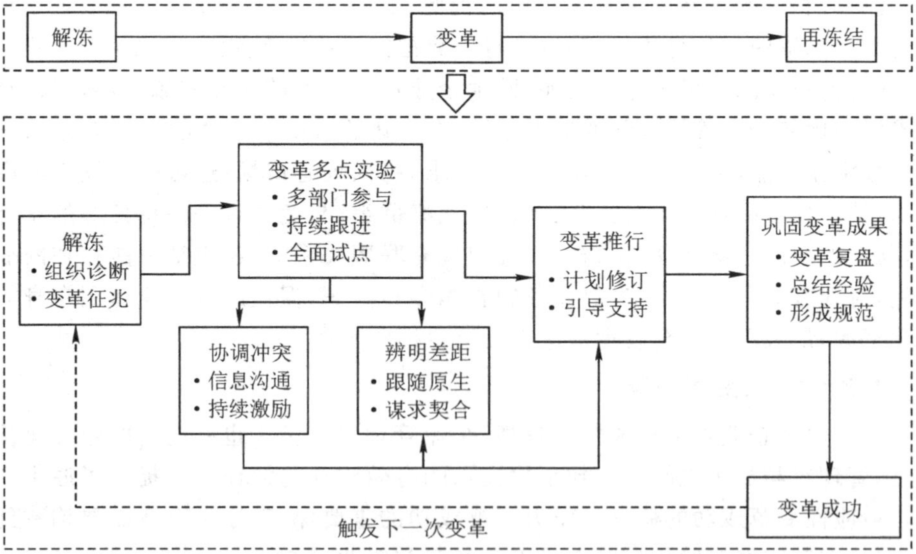


图 5-4 数字化次生企业管理适应性变革的延续-改进型路径

**1. 延续变革成功经验**

对于次生企业来说，可以从经典的变革路径中汲取大量的成功经验。首先是在变革解冻阶段创设面向数字化转型的管理适应性变革动机，鼓励员工改变原有的行为模式和工作态度，采取新的适应数字化转型的行为与态度。可以采用比较评估的办法，把本企业的总体情况、经营指标和业绩水平与其他优秀次生企业或竞争对手加以比较，找出差距和解冻的依据，帮助企业员工“解冻”现有态度和行为，使其迫切要求变革，愿意接受新的工作模式。在此过程中，需创造一种开放的氛围和心理安全感，减少变革的心理障碍，提高变革成功的信心。由于面向数字化转型的管理适应性变革是一个学习过程，可采取角色模范、导师指导、专家演讲、群体培训等多种途径树立典型，培育员工数字化环境下的良好工作态度和行为规范（和云等，2014；刘淑春 等，2021）。在其后的再冻结阶段，利用必要的强化手段促使新的态度与行为固定下来，使组织变革处于稳定状态，确保企业推行数字化变革拥有稳定的群体行为规范支撑。

**2. 改进变革决策程序**

由于变革的快速推进与多点实验，次生企业各部门间可能出现诸多问题，爆发出一些利益冲突，这就需要次生企业构建必要的组织协调能力，改进面向数字化转型的管理适应性变革决策程序。为协调数字化进程中的冲突与矛盾，首先鼓励冲突领域的对话与个人参与，其次打通部门间信息沟通的渠道，妥善安排冲突的解决方式。此外，管理层可以为员工提供针对新技能和系统应用的数字化相关的学习课程，持续激励员工为数字化变革做出贡献，并在必要时展示管理层的果断变革决心，采取强硬措施干预冲突和抵制（罗文豪，2020）。另一方面，对数字化转型中管理模式的适应性变革过程与结果切忌抱有不切实际的幻想，辨明与变革目标以及数字化原生企业的差距，脚踏实地进行变革，在此过程中，可以跟随原生企业的变革步伐，寻求与原生企业在管理适应性变革中的契合点。

### 5.3.2　数字化次生企业延续-改进型路径的“多点实验—快速推进—技术突破—协同共创”实现思路

本部分结合数字化次生企业自身特质与变革路径特征，以“多点实验—快速推进—技术突破—协同共创”为核心思想，设计数字化次生企业延续-改进型管理适应性变革路径的实现思路。

**1. 多点实验**

次生企业在数字化转型中，不应拘泥于某一职能部门的变革约束，而应在多个业务领域与职能部门进行多点实验，采集先前推行数字化转型的成功变革经验，并吸取变革失败的经验教训。

**2. 快速推进**

次生企业要抢抓数字化转型机遇，在变革领域快速推进变革措施的落地，以顺利完成变革目标或进行下一次变革，能在短时间内适应数字化转型的变化要求，迅速适应激烈的竞争和动荡的数字化环境。

**3. 技术突破**

尽管次生企业往往并非数字技术的开拓者，但这类企业在现有数字技术的应用之外，也要尽可能谋求突破性数字技术创新，适应新时代企业管理适应性变革的要求。

**4. 协同共创**

一方面，次生企业组织内各职能部门应信息共享、协同互助，不可各自为政；另一方面，员工和管理者应保持高度的思想与行动统一，齐心协力且高效率地完成面向数字化转型的管理适应性变革。

### 5.3.3 数字化次生企业"职能层变革引领、操作层变革跟随、战略层变革配合、价值观层变革保障"实现路线图

在上述核心思想的指导下，数字化次生企业面向数字化转型的管理适应性变革路径具体体现在四个层级，分别为职能层变革引领、操作层变革跟随、战略层变革配合、价值观层变革保障，如图 5－5 所示。

**1. 职能层变革引领**

次生企业为了谋求数字化转型带来的价值提升，需要从职能层开始变革，积极接纳现存的数字化技术，在企业力所能及的范围内广泛推进数字化技术在各职能部门的应用。与此相对应，次生企业需要在研发、生产、运营、人力、财务、营销等多个领域和职能部门进行管理适应性变革的多点实验，并在企业自身的优势领域投入更多的资源和数字技术人员，尤其是对传统企业来说，实现在技术上的突破尤为重要，应充分利用数字化技术作为变革工具或是创新数字化技术应用，实现数字化转型的快速推进。

**2. 操作层变革跟随**

在次生企业各职能部门多点实验的基础上，操作层变革也应开始跟随。一方面，次生企业日常的生产经营，与接收、存储和分配相关联的各种活动，以及将投入转化为最终产品形式相关的各种活动都需要跟随职能层变革，通过对企业价值链进行重新评估，找到价值链核心增值环节，围绕价值链增值环节进行组织重构，降

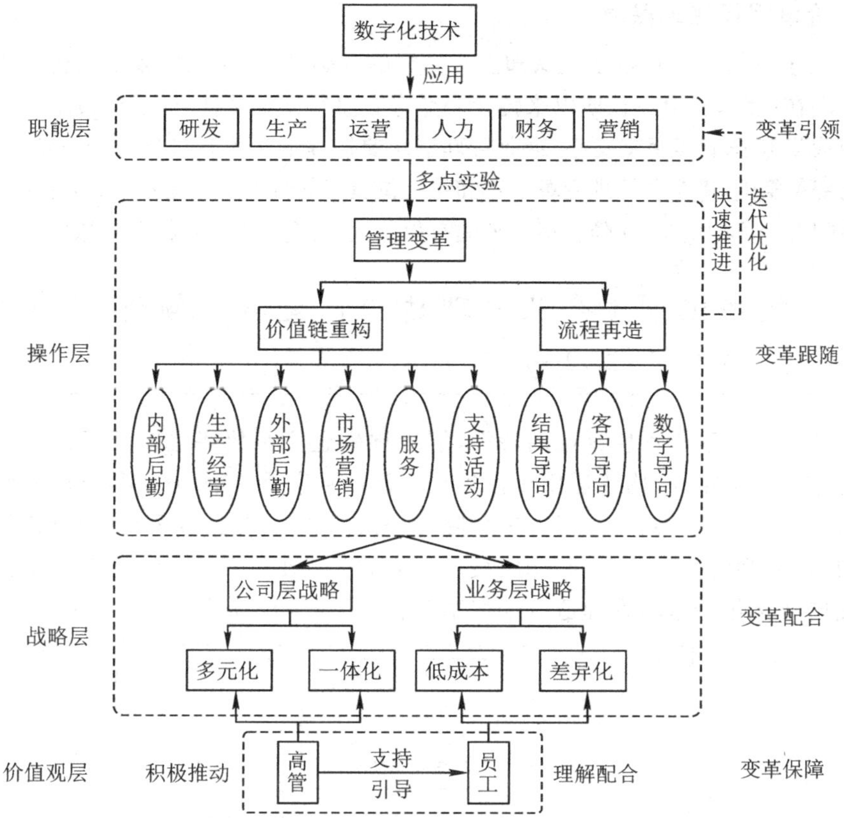


图 5-5 数字化次生企业管理适应性变革实现路线图

低各种支持活动的成本，提高数字化效率(曾德麟 等，2021)。另一方面，次生企业也应对流程进行再造，以结果导向、客户导向、数字导向为流程再造的主要目标，在面向数字化转型的管理适应性变革的过程中不断迭代优化，寻找与各职能部门协调共创的变革方式。

**3. 战略层变革配合**

在战略层面的变革上，次生企业首先要考虑的是公司层战略的变革，以配合操作层的价值链重构。在企业现有业务的基础上是否进行多元化扩张，以及是进行相关多元化，利用数字技术扩展在相关领域的业务发展，还是进行非相关多元化，寻求不同领域的全面发展，是否进行一体化合并，重新界定数字化转型后的企业边界等，都需要战略层的配合(肖静华，2020；王永贵 等，2021)。其次需要考虑业务层战略变革，在数字化技术多点应用的基础上是否能实现低成本与差异化共存。基于操作层的流程再造，企业新的价值增长点是否来自集中化新战略，也是次生企业数字化转型过程中考虑的焦点。

**4. 价值观层变革保障**

次生企业的员工在数字化认知上有一定的基础，能够认识到数字化转型为企业带来的潜在优势，但由于长期以来传统行业存在路径依赖特征，这使得员工需要可见的变革成果来坚定其变革决心，企业管理层需要持续不断地鼓舞员工创新精神，营造良好的变革氛围，将企业管理变革工作和每一位员工的日常工作紧密结合，让员工能够理解并配合变革的实施，保障变革计划的有效落地，与企业一起协同共创数字化未来。

## 5.4 数字化预生企业管理适应性变革的颠覆-重构型路径及其实现方式

本节针对数字化预生企业的特性，解析预生企业在数字化转型背景下的独特管理适应性变革路径，构建适用于预生企业面向数字化转型的颠覆-重构型变革路径，并以"文化先导—破立并行—信息除障—组织重构"为指导思想，设计价值观层变革引领、战略层变革跟随、职能层变革配合、操作层变革保障的实现路线。预生企业面向数字化转型的管理适应性变革路径如图 5－6 所示。

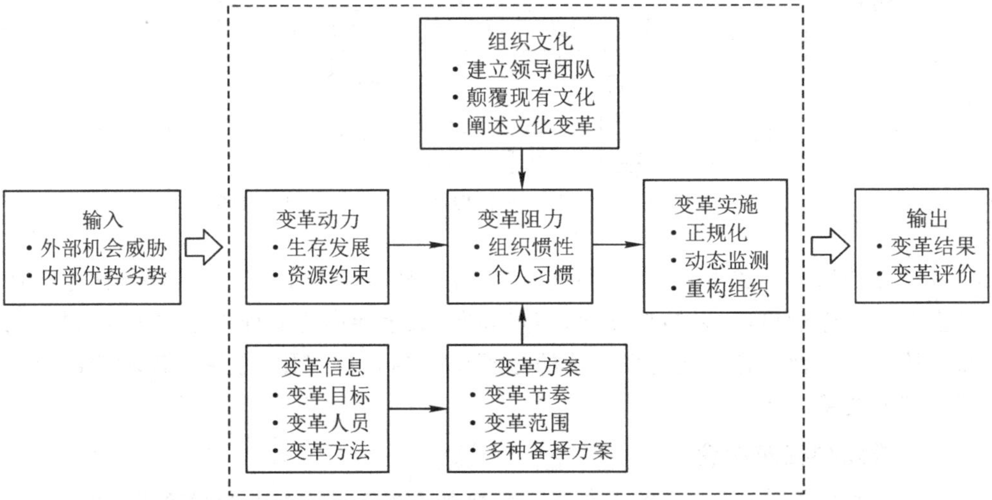


图 5－6 数字化预生企业管理适应性变革的颠覆-重构型路径

### 5.4.1 数字化预生企业的颠覆-重构型路径构建

数字化预生企业大多为尚未实施数字化转型的传统企业，面对数字化转型浪潮反应迟钝或能力不足，还未清晰地意识到数字化技术对原有技术带来的冲击，甚至可能抵制新技术的引入与应用。对于预生企业，需从企业文化入手打破固有组织思维，建立有活力的企业氛围，再以渐进式步伐缓慢推进面向数字化转型的管理适应性变革。

**1. 颠覆变革思维定式**

数字化预生企业的管理适应性变革面临较大的变革阻力，主要来自组织运行的惯性、组织现行结构的束缚以及追求稳定、安逸和确定性的保守型文化。此类企业的管理者和员工个体都拥有固有的思维方式和行为习惯，对未知状态具有一定的恐惧心理，对数字化变革的认知存在偏差。因此，预生企业应首先明确数字化变革的意义及对企业生存发展的必要性，优先建立起一支领导企业文化变革的团队，为转变现有观念做足充分的准备，并让员工逐渐认可数字化变革给企业与自身带来的好处。在此过程中，预生企业要不断收集与变革有关的信息，逐步清晰变革目标与所涉及的人员范畴，选择恰当的变革方法，并制订出多种可选择的变革方案，逐步推行面向数字化转型的管理适应性变革。

**2. 重构组织变革活力**

预生企业的数字化变革不能求快，要留出时间让组织上下提出问题和解决问题。如果能够得到大多数员工的关注和支持，数字化变革方案在计划与实施阶段的阻力将会降低。预生企业可选择范围较小的变革方式破立先行，树立起员工的信心，并及时将变革相关的信息传达给涉及的员工，使员工感受到变革与自身息息相关。与此同时，应大力推行与变革相适应的人才培训计划，大胆启用具有开拓创新精神的数字化人才，使整个企业充斥变革的友好氛围，构建全新的面向数字化转型的管理适应性变革文化与组织活力。

### 5.4.2 数字化预生企业颠覆-重构型路径的“文化先导—破立并行—信息除障—组织重构”实现思路

本部分结合预生企业自身特质与变革路径特征，以“文化先导—破立并行—信息除障—组织重构”为核心思想，设计数字化预生企业颠覆-重构型管理适应性变革路径的实现思路。

**1. 文化先导**

企业文化先行，助力数字化转型的推行。由于预生企业通常缺乏数字化转型的意识，首先应逐渐改变自身僵化的企业文化，不排斥数字化转型所带来的机遇和挑战，为未来管理适应性变革的开展奠定坚实的思想基础。

**2. 破立并行**

预生企业在变革中可能面对更大的员工生理与心理障碍，应努力在价值观念上实现破冰，一旦产生障碍突破，开始着手推进数字化变革的实施，后续的变革措施才能更好地落地。

**3. 信息除障**

预生企业应在内部通过数字化技术降低信息不对称带来的沟通与流程障碍，并通过组织架构的调整理顺信息传递通路，降低信息不对称带来的额外交易成本，为数字化转型的推行扫除流程障碍。

**4. 组织重构**

预生企业需根据自己的战略目标与导向，重新设计适合自身发展的组织结构与岗位职责，服务于企业的数字化战略实施，并与企业的数字化业务相匹配，快速着手数字化转型工作。

### 5.4.3 数字化预生企业"价值观层变革引领、战略层变革跟随、职能层变革配合、操作层变革保障"实现路线图

在上述核心思想的指导下，数字化预生企业面向数字化转型的管理适应性变革路径具体体现在四个层级，分别为价值观层变革引领、战略层变革跟随、职能层变革配合、操作层变革保障，如图 5－7 所示。

**1. 价值观层变革引领**

预生企业推行数字化变革可能会引起员工的不安，致使员工不断寻求来自领导层的力量、支持和指引。预生企业的领导者们要身体力行，统一号令，积极采纳新的方式，给员工以挑战和激励。领导者们需要懂得，任何变革都要员工完成，必须构建一个紧密协同的管理团队，在变革领域身先士卒，引领变革的方向，致力于推进变革的流程，表现出必达目标的决心(罗文豪，2020)。管理层需要将变革正规化，为指导变革实施的行动和决策提供一张路线图，以确保数字化转型能够适时推行。

**2. 战略层变革跟随**

在预生企业管理层与员工对企业文化的一致认同后，战略层变革应逐渐开始执行。预生企业首先要明确自身的战略定位，预判数字化转型之后，企业要往何处去，要能够在战略上破除藩篱，走上数字技术研发的创新型道路，把握自身的后发优势，逐步成为先进技术的创造者和生产者(陈庆江 等，2021)。因而，预生企业应将数字化技术全面引入企业，以提高企业日常经营活动效率为目标，并在变革早期避免与原生企业和次生企业在数字市场上的直接竞争。

**3. 职能层变革配合**

为配合战略层变革的有效实施，预生企业各职能部门也要发挥各自的作用，积极推进变革的进程。若预生企业自身技术能力较强，则应以有限的资源优先供给

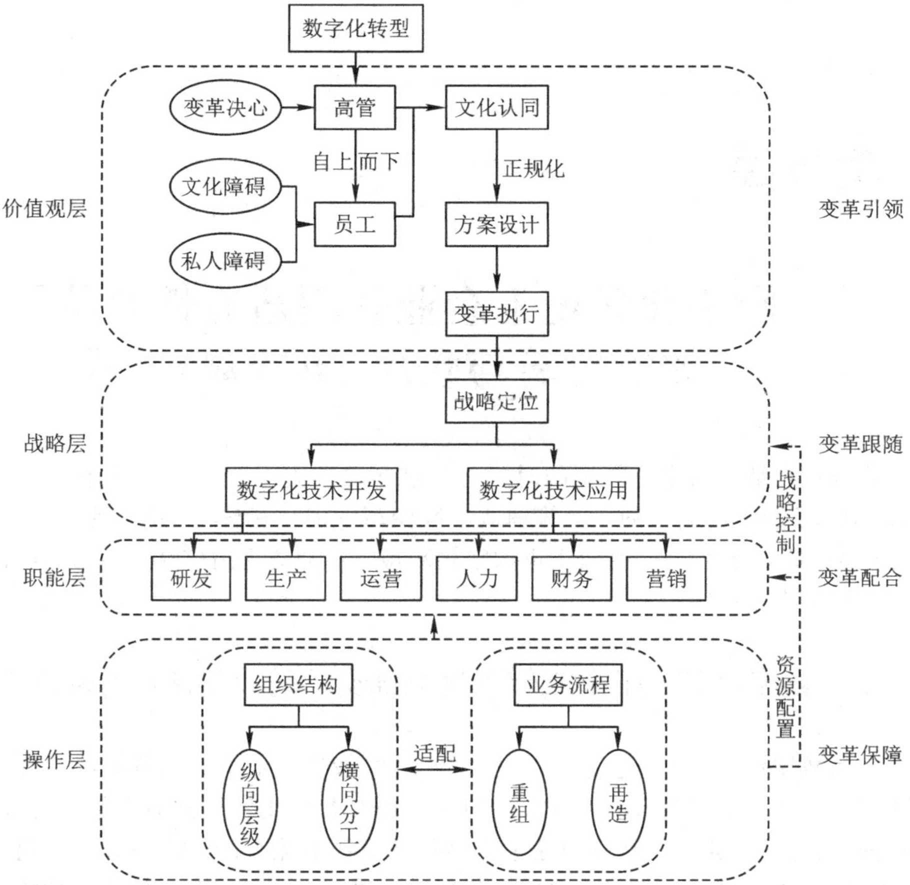


图 5－7 数字化预生企业管理适应性变革实现路线图

研发与生产部门，加大数字化技术研发与生产力度，着力实现对原生企业与次生企业数字化转型的追赶超越；若预生企业自身技术能力有限，并非出于以技术竞争为中心的行业，则应优先推进运营、人力、财务与营销等职能部门的变革执行，以适应数字化技术应用对企业职能部门工作的影响，利用好数字技术的价值，提高预生企业的数字化转型效果(吴江 等，2021)。

**4. 操作层变革保障**

预生企业数字化转型相对困难，这就需要组织结构与业务流程变革的强力保障。在战略与职能层变革的过程中，预生企业组织结构也应进行相应重构，重新设计组织的纵向分工，缩减组织层级，提高信息传递效率；同时改变组织的横向分工，优化职能部门结构，专业化人员配置(陈庆江 等，2021)；预生企业还要考虑是否进行重组或再造，确认用户核心需求，决定变革关键流程，拟定流程改造的学习对象和目标，重新设计数字化流程，塑造新的数字文化。

# 第6章

# 数字化环境下企业管理适应性变革的效能检验与政府-市场双元保障

本章旨在结合数字化转型的时代背景和中国企业管理适应性变革的具体实践，阐明基于数字化转型的企业管理适应性变革效能指标体系，并立足于我国“政府与市场”双元情境，建立有效支撑数字化环境下企业管理适应性变革的制度保障体系与生态支持系统。

## 6.1 数字化环境下企业管理适应性变革的效能评价与动态反馈

作为数字化环境下管理适应性变革的主体，我国企业的作用具有特殊性。有鉴于当前时期以美国为首的西方发达国家已经在数字化转型方面提前布局，试图占据先发优势，而我国在这方面还未有系统的解决方案（张成福 等，2020；刘义豪 等，2022）。本节具体剖析企业在数字化环境下管理适应性变革效能指标的构建以及以此为依据的效能评估与反馈，树立客观标准，使得企业自身及外部利益相关者对其变革的成果进行标准化分析与评定，并能够系统评价我国数字化转型的成效。

### 6.1.1 数字化环境下企业管理适应性变革的效能指标构建

本书中的效能指标是为考察企业面向数字化转型的管理适应性变革的实际成效而构建的评价指标体系。建立这类指标体系具有奠基意义，为后续制度保障体系以及生态支持系统的建设夯实基础。本部分结合上文提出的“认知—决策—行动—反馈”ADAF分析框架，从这四个方面分别构建企业管理适应性变革的效能指标。具体而言，围绕文化交融、协同决策、共同行动和动态反馈等四个方面，系统构建企业面向数字化转型的管理适应性变革的效能指标，如图6-1所示。

**1. 文化交融**

组织文化对企业的管理活动具有无形但重要的作用。评价企业管理适应性变

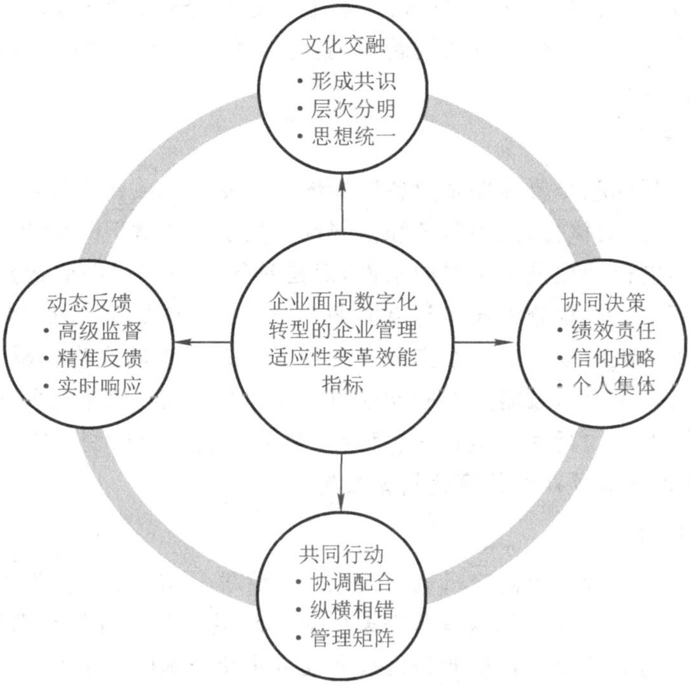


图 6－1　数字化环境下企业管理适应性变革的效能指标

革的效能首先需要检验新的管理模式与惯例是否在企业上下形成共识，从而实现指导企业员工行为与决策的目标。一般来说，文化交融具有层次性，分为表面层的物质文化、中间层的制度文化以及核心层的精神文化，分别建立不同层面相互交融的企业文化效能指标，可以精准地评估全新的管理方式在数字化企业中的接受度与认可度（朱秀梅 等，2022）。同时，文化交融强调新的数字化文化内涵潜移默化地影响组织成员的行为与决策方式，同时，新的数字化文化相当于一种共同行动纲领，但是又不拘泥于某种思维定式，允许每个个体在不同层次下拥有对数字化转型独特的理解，从而达到一种相互包容、共同支持数字化转型的和谐氛围。

**2. 协同决策**

决策是管理活动的中心，企业管理适应性变革的效能指标构建必然绕不开决策（张敬伟 等，2020）。此部分强调的协同决策主要包括三方面的内容，一是将企业经济绩效与社会责任结合起来，并将这一层面的协同提升至企业决策信仰和战略的高度加以实践；二是杜绝决策过程中的个人主义与自由主义，防止少部分利益团体根据自身利益而非企业整体利益做出决策；三是企业的决策执行力以及后续的贯彻监督应能跟上。在数字化转型背景下，企业进行管理适应性变革，需要大大降低企业的协同决策成本并提升信息交流的效率（李志华，2022）。同时应摆脱过于迷信数据、降低人的主观能动性等问题，制定这部分效能指标需要综合考虑、妥善处理好集中与民主的决策思路问题、客观与主观的决策主体问题以及传达与执行的决策实施问题。

**3. 共同行动**

共同行动指标就是要确保企业各职能部门在完成某项任务时协调配合的融入程度，代表着企业的执行力、团队性和协同性。数字化环境下的企业管理适应性变革为企业的共同行动提供了必要的条件，但是具体效果如何需要构建效能指标来检验。共同行动可以划分为横向与纵向两个方面，横向共同行动主要包含各个事业部或者更下一级的职能部门在完成某项任务时进行协同合作的融入程度；纵向共同行动主要指企业从战略层至职能层再至操作层不同层级之间的协同配合。只有横向与纵向的共同行动均达到理想程度，整个企业的管理变革矩阵模块才能充分配合，高效地完成预期的数字化转型目标。

**4. 动态反馈**

动态反馈是一种高级监督机制。传统企业管理模式很难实时跟踪任务的进度情况，只能通过人力层层汇报，最高决策层对实际进展的了解具有滞后性，因此很难精细地调整与监控企业各项业务发展。而数字化技术的出现使得动态反馈成为可能，实时地、同步地将行动效果进行反思与调整，准确把握市场信息，不断进行微调，修改运行的轨迹，使得企业在管理适应性变革过程中犯错误的概率降至最低（林琳 等，2019）。在制定动态反馈效能指标时，需要着重注意的是反馈的实时性与反馈精度。应该承认，动态反馈是一把双刃剑，很难兼顾管理适应性变革的实时性与准确性，但二者确实相辅相成，缺一不可。如果单方面强调某一边的优势，往往南辕北辙，造成更大的危害，因此，评价动态反馈需要兼顾两方面的特征。

### 6.1.2 数字化环境下企业管理适应性变革的效能评价与反馈

在完成数字化环境下企业管理适应性变革的效能指标体系构建后，就要着手根据已建立的效能指标体系对企业面向数字化转型的管理适应性变革进行评估，并将评估结果向企业的各个层级充分传达，及时反馈，建立起“行动—评估—反馈—改进”的良性循环，据此指导企业改进变革措施，提升变革效果。同时，在已建立的效能指标体系的基础上，还应将更加能够反映企业数字化转型的财务指标、市场指标以及社会责任指标等纳入管理适应性变革的评估体系，不仅体现对“变革进程”的评估，还将综合考虑变革为企业数字化转型带来的积极与消极影响，确保所构建的效能指标能够真正落到实处。

# 6.2 数字化环境下企业管理适应性变革的制度保障与体制机制优化

本节以新制度经济学的相关理论为基础，探索如何构建数字化环境下企业管理适应性变革的制度保障体系，并对相应的体制机制进行优化，目的在于为企业面向数字化转型的管理适应性变革提供必要的保障措施。

## 6.2.1 数字化环境下企业管理适应性变革的制度保障体系构建

本部分从整体论与过程论视角出发，综合数字化原生企业、次生企业与预生企业三种类型，考虑每类企业数字化转型环境下的管理适应性变革全方位制度保障体系构建问题。全方位制度保障体系的构建将探讨企业对管理适应性变革制度保障的全方位措施和手段构成。财务资源配置、研发硬件设施配备、后勤保障等都是促进企业推行面向数字化转型的管理适应性变革的重要手段，怎样充分合理地利用这些措施与手段，是未来研究的重点之一。

**1. 数字化原生企业管理适应性变革的制度保障**

基于原生企业的管理适应性变革特征，应构建网络协同保障制度和竞合相融保障制度，以保障该类企业在管理适应性变革中的共生与协同。鉴于不同原生企业在管理适应性变革中可能处于不同阶段，加之各企业在管理适应性变革中的角色是动态变化的，应针对处于不同转型阶段的原生企业构建相应的网络协同保障制度和竞合相融保障制度，充分利用企业价值网络中的各个主体，促进主体间的协同、竞争与配合，同时加强处于管理适应性变革不同阶段企业间的合作，以使各种类型的原生企业都有不断提升数字化变革的机会。

**2. 数字化次生企业管理适应性变革的制度保障**

基于次生企业的管理适应性变革特征，应构建使各层级功能正常运转的保障制度。次生企业在时间节点上落后于原生企业，因此需要强调企业合作以及多主体协同创新。保障此类企业变革成功的重点在于，在技术研发、技术转移、配套环境、高端管理人员等方面构建变革保障制度（吴静 等，2020）。同时构建确保次生企业数字化转型中实现自动化、数字化、智能化的管理保障制度。此外，数字化环境要求的新型柔性化管理关键在于智能决策，在应用的基础上进行管理保障制度的构建，以使企业能够有效感知、分析、推理、决策与控制数字化进程。

**3. 数字化预生企业管理适应性变革的制度保障**

基于预生企业的管理适应性变革特征，应构建跨界共享保障制度和动态演进保障制度。在战略层、职能层与操作层等各层级达到跨界共享，形成决策、支持与执行的动态反馈以及全过程管理适应性变革的螺旋式上升，为预生企业开展数字化转型提供即时响应。在此类企业数字化转型的初期，主要应做好资源配置、大数据平台建设、工作转接与人员安置等方面的工作，这些都需要构建提前的保障制度以降低企业转型风险。

综上所述，企业管理适应性变革制度保障体系应覆盖认知、决策、行动与反馈各层级的双向互动体系，同时，对于处于管理适应性变革不同阶段的企业，应该针对各自的特点进行有目的的重点发展，从而在企业内与企业间形成有的放矢、互联互通的制度保障体系，如图 6－2 所示。

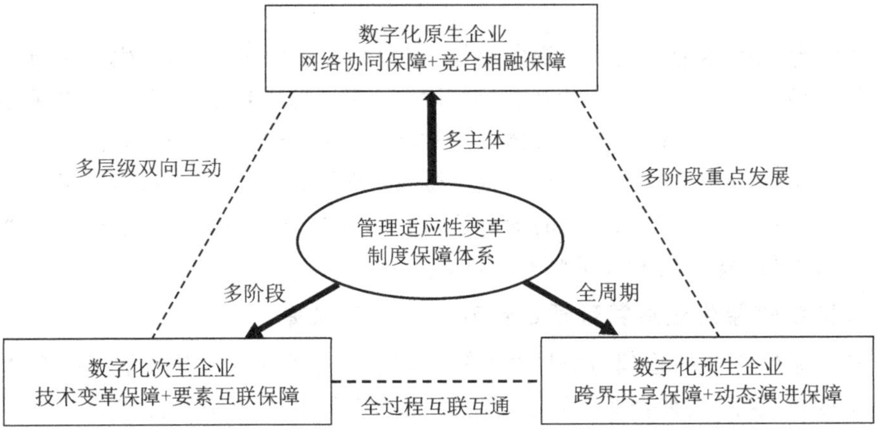


图 6－2　不同类型数字化企业管理适应性变革的制度保障体系

### 6.2.2　数字化环境下企业管理适应性变革的体制机制优化

对数字化环境下企业管理适应性变革的体制机制进行优化，可以从资金、人才、科技支持、风险管控等方面的体制机制进行优化分析。

**1. 资金支持机制优化**

优化资金支持机制是企业管理适应性变革的基础保障。因此，企业在数字化转型准备阶段应强化金融支撑，形成有利于数字化转型的财务融资体系。具体而言，首先鼓励转型企业采取稳健的会计处理方式，计提风险缓冲；其次，帮助转型企业适当扩大融资，增发企业债券，为后续变革提供资金支持；第三，争取政府政策倾斜，博取政策红利。

**2. 人才支持机制优化**

人才支持机制的核心是加深企业人才对新时代管理模式的认识，并做好配套的人才成长工作(和云 等,2014)。在企业数字化变革实践中,人才流失是企业面临的一大风险,新的管理模式对员工发展具有极大的不确定性,自然心生抵触;同时,数字化环境很有可能要求员工学习全新的管理技能,岗位的更新很有可能影响一批人的既得利益。因此,应鼓励企业需要做好人才配套工作,保障数字化转型人员稳定。

**3. 科技支持机制优化**

优化科技支持机制是企业管理适应性变革的过程性保障。应制定风险防范政策,围绕互联互融和多维协同等管理瓶颈,开展基础共性管理标准、关键技术标准的建立,搭建标准实验验证平台,开展全过程实验验证;建立面向数字化环境的信息安全保障系统,培育具有较强竞争力的系统化科技支持机制。

**4. 风险管控机制优化**

我国当前的数字化变革风险管控体系不健全,应建立风险管控保障体系,着力提升关键数字化技术装备安全可控能力,增强基础支撑能力,提升集成应用水平(梁煜婷,2021)。同时,应依托重点数字化工程,推动重大数字化技术装备推广应用及保险补偿试点工作,降低企业数字化转型的财务成本。

综合以上分析,企业面向数字化转型的管理适应性变革的体制机制优化如图6-3所示。

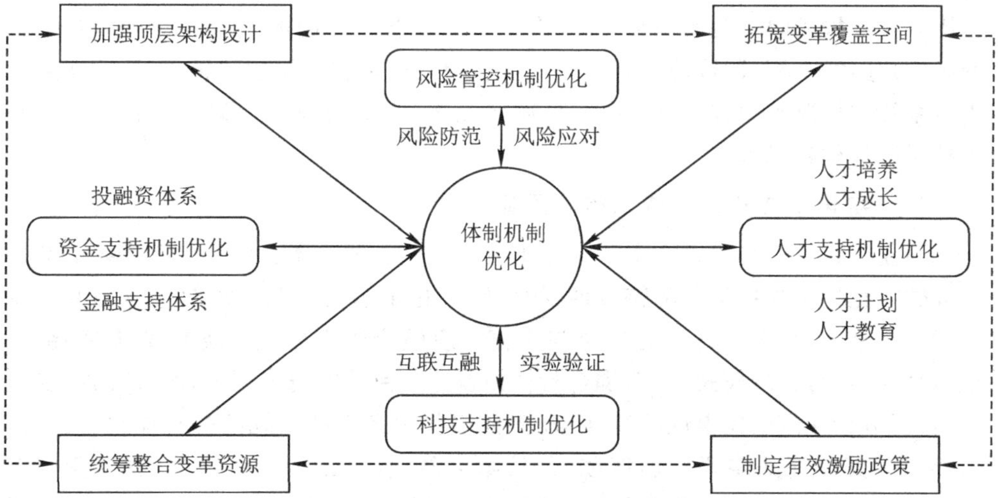


图6-3　企业管理适应性变革的体制机制优化

## 6.3 外部环境、数字技术与管理模式三重耦合的数字化生态支持系统构建与完善

本节的主要研究内容是构建数字化环境下基于数字化转型的企业管理适应性变革生态支持系统并分析其共生演化机制。前文系统构建了企业管理适应性变革实施体系，但这一体系的落实将会面临多重障碍，诸如管理适应性变革资源需求扩大与企业承担风险有限、企业演化机制不明与企业规模效应不足等基本矛盾的存在，需要企业面向当前市场环境构建相应的保障体系。下文结合数字化环境下企业管理适应性变革的特征与内涵，识别构成企业管理适应性变革生态支持系统的基础条件，分析其功能结构和内部主体关系，明确构建规则与构建路径，并以此为基础剖析生态支持系统的共生演化机制，并对其效率效果进行虚拟仿真实现。

### 6.3.1 外部环境、数字技术与管理模式三重耦合的数字化生态支持系统的构建决策

本部分依照生态支持系统的构建原则（即企业管理适应性变革和生态支持系统构建原则的有机结合）、功能与结构分析（即以主体、环境、要素间的联系纽带为作用方式）、构成因子关系识别（即生态支持系统各主体间的关系以及环境对系统的影响）、路径分析（即构建生态支持系统所遵循的流程）、模型解析（即所构建生态支持系统的概况与内容）的研究顺序，阐明数字化环境下企业管理适应性变革生态支持系统的构建机理。

**1. 数字化生态支持系统的构建原则**

确立构建原则是构筑数字化生态支持系统的首要步骤。由于生态系统的共性以及数字化生态支持系统的特殊性，构建数字化生态支持系统需综合考虑两者特性的有机结合，其内涵将更为广泛与丰富。应整合数字化生态支持系统“外部环境、数字技术与管理模式”三重耦合特征以及生态系统本身的开放性、多样性、自组织、自调节、跨行业、集聚性等特性，理清数字化生态支持系统的构建原则。同时，近年来国家创新战略要求制度创新、技术创新、管理创新三者协同共融（伦晓波等，2022），这正与本书提出的外部环境、数字技术与管理模式三重耦合相对应，说明了本书所构建的数字化生态支持系统与企业管理实践的嵌合。

**2. 数字化生态支持系统的功能与结构分析**

分析数字化生态支持系统应具有的功能与结构是构筑数字化生态支持系统的第二步骤。结合生态支持系统和企业管理适应性变革的特征，确定数字化生态支

持系统的功能，着重研究外部环境、数字技术与管理模式的耦合机制，通过物质循环、能量流动、机遇创造、风险规避、适性强化与升级支撑等，将这三部分有机地耦合在一起，阐释每种功能在数字化生态支持系统中的具体表现，明确各种纽带的内涵和作用方式，以确保系统的顺利构建与运行。

**3. 数字化生态支持系统的构建路径选择**

在数字化背景下，企业生态支持系统可采取辐射与聚拢两种方式构建。自内而外的辐射路径是由企业引领，主动吸纳其余构成因子形成生态支持系统的构成主体之一，并依靠现有生态支持系统形成自身独立主导建设的生态支持系统的过程；自外而内的聚拢路径与此相反，是企业被动接受外部的政治、经济、文化以及社会环境的变化，具体到数字化生态支持系统，是处于管理适应性变革不同阶段的企业，通过信息的互联互通，取长补短，共同完成数字化转型的路径（孔存玉 等，2021）。在具体实践时，应结合企业管理适应性变革的特征，分析运用两种路径的适宜条件。

**4. 数字化生态支持系统的模型解析**

基于上述对数字化生态支持系统的综合性研究，建立数字化生态支持系统的基本模型，阐明各个主体与环境在模型中的位置分布，揭示模型内部可能存在的关联机制，明确系统模型的整体构成，如图 6－4 所示。

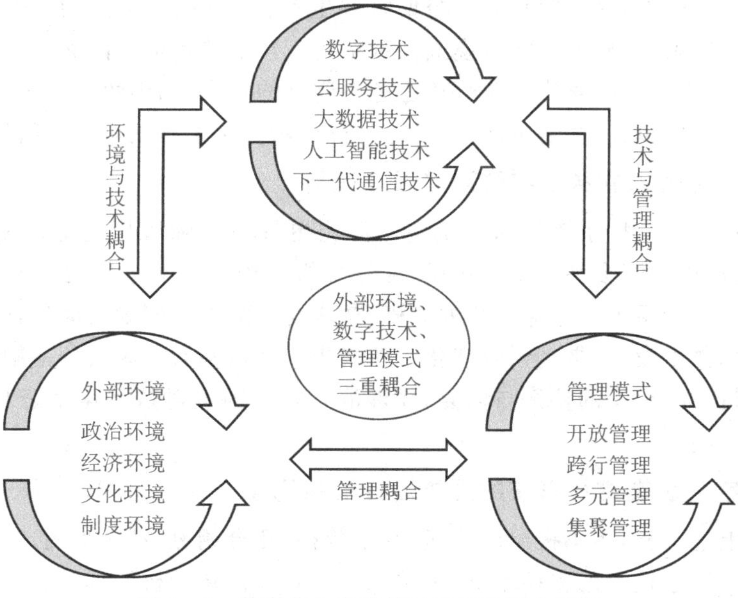


图 6－4 数字化生态支持系统三重耦合模型

### 6.3.2 外部环境、数字技术与管理模式三重耦合的数字化生态支持系统共生演化机制

在上述数字化生态支持系统构成的基础上，还需对系统整体的动态运行及其内在规律进行研究。共生演化机制是数字化生态支持系统运行机制的重要内容，也是系统主体赖以互利共赢的法则，要求全方位研究数字化生态支持系统各主体之间的依赖与互动，协调规制各主体间、主体与环境间的依存关系。

**1. 数字化生态支持系统的共生动力机制**

基于系统论视角，系统的任何选择行为都具有内在或外在的原因驱动。共生机制的产生也是系统选择的结果，数字化生态支持系统必然具有对应的形成动力，因而深入了解共生动力也是共生机制研究的关键内容。借鉴现有企业生态系统的研究，根据企业是否主观推动，企业面向数字化转型的生态支持系统可以分为内部动力与外部动力，内外部动力的交互，促使企业数字化生态支持系统的共生关系更易形成。

**2. 数字化生态支持系统的共生模式选择**

不同的生态支持系统中成员的共生关系各不相同，可能存在竞争共生、合作共生、竞合共生、寄生共生、偏利共生与偏害共生等多种共生模式。本书基于生态学与系统论的视角，分析各种共生模式在数字化背景下的特征与内涵，比较共生模式之间的异同，并结合新时代企业管理适应性变革的特征，明确数字化企业生态支持系统适用的共生模式，并尝试从主体入手，分析数字化生态支持系统的共生特征。

**3. 数字化生态支持系统的演化因素识别**

数字化生态支持系统借由系统整体演化更好地保障管理适应性变革顺利进行，但演化过程受到多种因素的作用，细致分析各种因素对系统的影响不可或缺。数字化生态支持系统中主体自身的规模、功能与网络位置的发展演化，能够增强各主体之间的作用效果，带动系统演化。在初步认知这些影响因素的基础上，需全面把握与分析每种因素的特征与内涵，并理清各影响因素对数字化生态支持系统的具体作用机制。

**4. 数字化生态支持系统的总体运行机制构建**

综合上述分析，本书提出应构建“共生依存、竞合相融、动态平衡、自主演进”为主要特征的数字化生态支持系统，并试图阐明其具体运行机制，如图 6 - 5 所示。

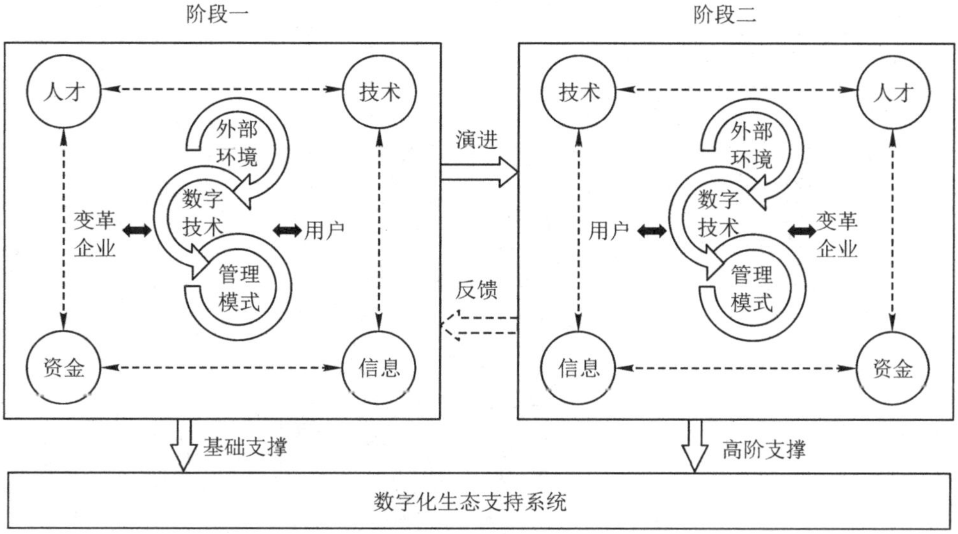


图 6-5　数字化生态支持系统的共生演化机制

**5. 数字化生态支持系统的虚拟仿真实现**

依托现有的稳定、高效、安全的网络环境，采用分布式资源存储技术、应用虚拟化技术、流媒体处理技术、数据库技术等现代网络通信和共享技术，搭建具有开放性、互动性、前瞻性的虚拟仿真实验平台，开展数字化生态支持系统的虚拟仿真实现工作。数字化生态支持系统虚拟仿真实现主要针对企业管理适应性变革的复杂性，通过解析实体模型、原理抽象、仿真建模，应用现代信息技术，预期建设复杂远程控制实验系统、高水平软件系统、模拟仿真风险成本控制实验系统、实体及实体模型实验系统等仿真系统完成所要求的各项工作，完成数字生态融入度的相关测试，从而达到数字化生态支持系统的虚拟仿真实现。

## 6.4　企业数字化转型与管理适应性变革的政策与策略研究

基于数字化环境下我国企业管理适应性变革的具体实践，本节从企业数字化转型和管理适应性变革两个视角，结合上述“认知—决策—行动—反馈”ADAF 分析框架，分别进行后疫情时代完善我国企业数字化转型和管理适应性变革的政策及策略研究，提出相应的智库建议，如图 6-6 所示。

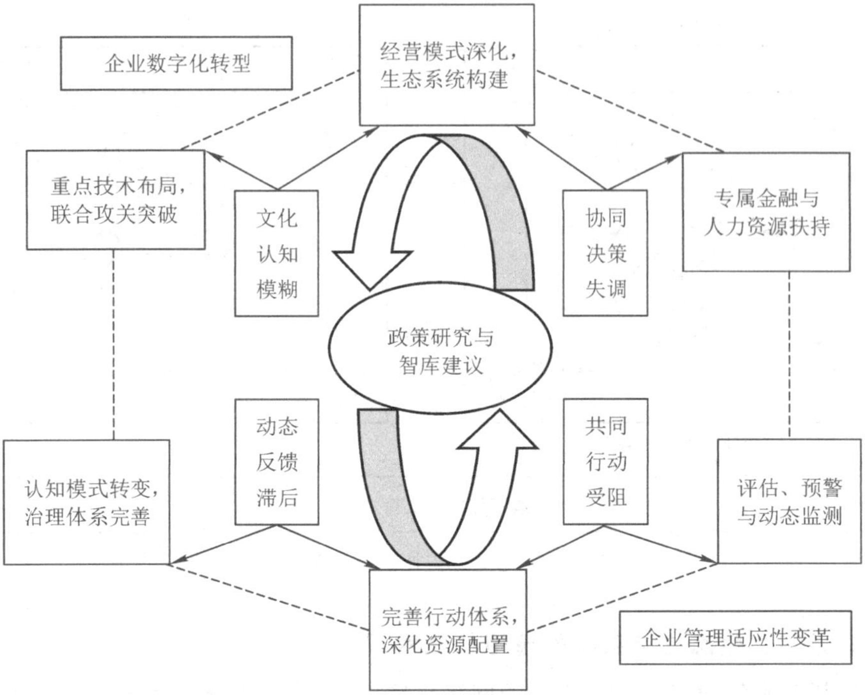


图 6-6 数字化环境下管理适应性变革的政策与策略研究

### 6.4.1 企业数字化转型的政策与策略研究

不同类型的数字化企业具有不同的管理适应性变革特征，变革的关键路径和实现方式也各不相同(李辉 等，2020)。本部分聚焦原生企业、次生企业和预生企业面向数字化转型的管理适应性变革实践开展政策研究并提出相应的政策与策略建议，确保三类企业能够顺利实现数字化转型，具体研究方向如下。

**1.“经营模式深化，生态系统构建”保障数字化原生企业转型**

企业数字化转型是一项系统性、耦合性很强的系统工程(陈春花，2019)。原生企业从诞生之日起就有一定数字化积累，在企业战略层顶层设计的引领下，应进一步建立全新操作层的经营模式，明确治理机制、监督体制、组织结构、运行机制等重要领域的数字化转型内容，主导构建相应的融合多利益主体的数字化生态系统，不断拓宽原生企业的数字化之路。

**2.“重点技术布局，联合攻关突破”助力数字化次生企业转型**

次生企业虽然拥有一定的数字化转型思想基础，但在数字技术开发与应用方面还需要大力发展，需加强职能层与操作层的建设。构建统一的大平台大系统是承载“数据共享模型”“流程再造模型”“资源体系模型”有效推行的必要载体。具体来说，一是要建立并完善能够覆盖全域、统一接入的大数据中心，完善数据交换共享大平台，加快构建信息资源共享的数据处理体系。二是要建立并完善全域深度应用、上下联动、纵横协管的协同治理和应急管理等大系统，通过数据流、业务流、信息流的实时同步更新，构建治理系统与基础设施系统，助力次生企业的数字化转型。

**3.“认知模式转变，管理体系完善”推动数字化预生企业转型**

预生企业在数字化转型方面通常缺乏统一的文化认知、基础能力不足，应首先从认知与决策层彻底改变企业上下的数字化转型观念，变革数字化文化认知。预生企业数字化转型的症结还在于各部门之间存在大量信息孤岛，数据互联互通不充分。因此，各部门要以数据共享为基础，构建跨部门、跨系统的数据整合模式，强化数据整合共享的支撑作用，逐步构建拥有共享标准规范、部门互联互通、职能共生演化的数字化管理系统。

### 6.4.2　数字化环境下企业管理适应性变革的政策与策略研究

本部分聚焦数字化环境下企业管理适应性变革的政策与策略研究，根据不同类型数字化企业在后疫情时代开展管理适应性变革的潜在方向与具体措施，提出相应的智库建议，具体的研究方向如下。

(1)数字化原生企业应深化价值观层的文化认知，贯彻执行战略层的协同决策，重点是持续完善职能层的行动体系，深化操作层的资源配置。面向数字化转型的管理适应性变革是一个自上而下的过程(刘淑春，2018)，原生企业在管理适应性变革方面基础较为雄厚，上层建筑比较牢固。在保持已经建立起来的文化认知与协同决策体系的基础上完善职能层的行动体系，建立统一的行动原则与标准，从而对不同的战略决策做到及时响应，高效执行；深化资源配置，尤其应该建立专门的操作层资源配置系统，提高资源利用率，从而更好地执行战略层的数字化决策。

(2)数字化次生企业应加强价值观层的文化认知，完善战略层的决策与职能层的行动体系，建立企业管理适应性变革的评估、预警与动态监测机制，同时兼顾操作层的信息反馈。次生企业通常已经具备一定的数字化认知，但在协同决策方面相关经验可能并不充分，面对突发事件的解决能力有限，就更应提前做好预案，在数字化转型计划设计阶段留有余地，从财务、组织结构、人力资源管理等方面建立管理缓冲制度，建立有关数字化环境下管理适应性变革评估、预警与动态监测机制，避免企业发生“硬着陆”现象，威胁次生企业的生存与发展。

(3)数字化预生企业应推动认知层面的根本转变，建立管理适应性变革的专属金融计划和人力资源扶持政策，有计划地规划未来所需要的战略层、职能层与操作层的行动策略。预生企业还处于企业管理适应性变革的初级阶段，首要任务是推动认知层面的彻底改变，努力向数字化方向迈进；其次，为了给未来的数字化转型进程准备充分的“弹药”，预生企业应建立面向数字化转型的管理适应性变革专属金融计划和人力资源扶持政策，应充分认识到数字化时代管理适应性变革的艰巨性与风险性，有备无患，在面临转型困难时做到从容不迫。

# 第7章

# 企业数字化转型中的管理适应性变革具体案例应用

## 7.1 案例引入

作为中国的主要军用车辆供应商，陕西汽车控股集团有限公司（简称陕汽或陕汽控股，以下简称陕汽）一直致力于为军队提供高质量、高效率的车辆产品，拥有多种军用车型，曾六次参加我国大阅兵，在军车领域获得多项殊荣。当你走进他们全数字化的组装设计车间时，不仅会被现代、高科技的装备和机器所震撼，更会被看似舞蹈一般优雅而快速灵活操作的工作人员所折服：

> 车间里机器人臂伸展着，轻松地拿起重达数百公斤的车身部件，按照精准的数据图纸进行装配。无人驾驶的运输车来回穿梭于各个工作区域，为生产线提供所需的零部件。管理者通过数字化系统监管整个生产过程，对各个环节进行实时的监控和调整，确保整个生产线的稳定和高效。工作人员们穿着统一的工作服，在设备前快速灵活地操作，让你不禁感叹于现代产业技术的发展。

在全数字化的组装设计车间里，董事长袁宏明感到十分自豪和开心，这是数字化转型带来的成果，也是他不懈努力的结果。在未进行数字化转型前，该公司传统的生产模式需要大量人工干预和监管，这导致车间的劳动密集度高、效率低，同时也容易出现操作失误等问题。这让袁宏明感到十分焦虑，他不断思考如何优化管理流程，提高各个环节的协调和响应能力。在没有数字化系统的支持下，各级管理者无法准确地获取生产环节的数据和信息，无法及时做出决策以调整和优化，从而影响了整个生产线的效率和质量稳定性。

为了解决这些问题，袁宏明带领陕汽成立了数字化转型工作组，并邀请国内外的顶尖专家和技术团队参与，与生产线上的员工进行深入交流和合作，寻求最优解决方案。在这个工作组的帮助下，公司实现了数字化系统的应用，许多工序都能够实现自动化和智能化。这使得生产线更加稳定、高效，同时也使得管理决策更加科学和准确。通过对生产线设备的实时监控和数据分析，管理者可以及时做出调整和优化，提高生产效率和质量稳定性。而优秀的可视化和模拟系统也帮助管理者更好地预测和规划生产计划。

数字化转型给陕汽带来了无限可能，但也给董事长袁宏明带来新的挑战——如何利用数字技术以制定更加智能、精准、快速的数字化管理决策？如何管理员工让其充分发扬智慧、快速适应新技术？如何管理好国防工业和民用产业之间的协同和发展？这些问题困扰着袁宏明，他一度感觉自己像个疲惫的程序员，每时每刻都在思考代码该怎么写。不过袁宏明并没有放弃，他相信只要坚定不移地向前走，相信随着时间的推移和技术的进步，最终陕汽一定会变得更加稳健和强大！

## 7.2 案例企业介绍

西汽车控股集团有限公司是我国重型军车的主要研发生产基地、大型全系列商用车制造企业，是我国西北地区最大的制造企业之一，总部位于陕西省西安市，前身是始建于 1968 年的陕西汽车制造厂，现有员工 2.48 万人，资产总额 880 亿，位列中国企业 500 强，其品牌价值亦荣登“中国 500 最具价值品牌榜”。陕汽下辖陕西汽车集团有限责任公司、陕西汽车实业有限公司、金龙汽车(西安)有限公司等 100 余家参控股子公司，主要从事重型军用车、商用车、汽车零部件的开发、生产和销售，以及相关的汽车服务贸易和汽车金融业务。陕汽主要经历以下四个发展阶段。

### 7.2.1 第一阶段：“政治建厂”奠定奉献底色，因军而生，第一代军车创立根基

1968 年，在中共中央战略方针的指引下，为了满足国防建设和国民经济建设的需要，陕汽在宝鸡市开工建设。在“延安精神”的引领下，在当时“工业学大庆”的号召下，陕汽建设初期的创业者们坚持艰苦奋斗的传统，克服了种种困难。世上无难事，只怕有心人。就是在当年艰苦卓绝的环境中，1970 年，陕汽成功试制第一辆延安牌 SX250 重型军用越野车，结束了我军“有炮无车”的历史；1974 年，延安牌 250 型越野汽车正式定型；1975 年，陕汽生产的两辆延安牌 250 型越野汽车开进中南海，接受了党和国家领导人的检阅；1978 年，陕汽提前完成汽车装配、调试入库任务，全面完成国家下达的 8 项经济技术指标，实现了扭亏为盈。企业发展的第一阶段为陕汽日后的成长、壮大提供了有力保障，既为企业的思想建设、组织建设和文化建设积累了宝贵经验，也是陕汽红色基因的重要底色。

### 7.2.2 第二阶段:“思政研究”砥砺忠诚本色,惟赢是执,第二代军车功勋彪炳

从1984年起,原隶属陕西省的陕汽厂划归中汽公司所属的重汽公司领导,企业着手在西安东郊建设新的生产基地,并开始在市场经济的大潮中搏击。由于当时体制与机制上的原因,加上通货膨胀、市场疲软,陕汽资金极度匮乏,一度出现连年亏损的局面。在困难面前,陕汽依靠广大职工群众,依靠长期思想建设的传统优势,充分发挥了思想政治和文化的引领和凝聚作用。20世纪90年代初期,围绕“苦干三年,扭亏为盈”的经营目标,在生产处于低潮时,陕汽开展了“干活无废品、工作无差错”的“双无”活动、“讲理想、比贡献”等职工活动,在当时特殊的条件下起到了巨大的凝心聚力的作用,积极推动了企业扭亏止损目标的实现。在推进制度建设的过程中,陕汽坚持有破有立、边破边立。1991年,陕汽下发从严治厂的规章制度,并成立了干部作风巡回检查监督小组,对干部在工作中推诿扯皮现象实行投诉,很快扭转了干部队伍的工作作风。即使在种种不利的条件下,陕汽的第二代军车研发进程几乎未受到影响。在引进、消化、吸收奥地利斯太尔技术的基础上,成功研制出我军第二代7吨级军车——陕汽牌SX2190,并在二代基型车的基础上,逐步开发出20多种型号的军车,满足了我军的装备需求。

### 7.2.3 第三阶段:“解放思想”铸就发展特色,迈向高端,第三代军车国之重器

2000年,随着中汽的重组(拆分为重汽、陕汽、红岩),陕汽开始真正走上了独立经营、自负盈亏、自我发展的道路。在从过去长期的计划体制中解放出来后,企业直接面对市场,这既是发展机遇,也是新的挑战。当时陕西几家走在全国前列的彩电、冰箱、空调、摩托车制造企业和知名品牌相继败落,人们十分担心满载50周年国庆阅兵荣誉归来的陕汽会不会重蹈覆辙。面对严峻形势,陕汽认真分析外部环境与内部条件,发动全体员工开展企业发展战略大讨论,制定了“培育品牌、壮大实力、加速发展、形成规模”的第三个阶段发展方针。在激烈的市场竞争中,陕汽果断决策,抓住国家西部大开发的战略机遇,制定了与国内外优势企业进行资产重组的规划、建立现代企业制度、全面加快技术改造、建设一流重卡新基地等一系列重大经营方针与策略。通过全体员工的努力,陕汽总产值从1999年的5亿元提高到2012年的398亿元,市场占有率从不到3%提高到12.96%以上,企业由弱转强,跻身于中国500强行列。陕汽用铁的事实回答了人们在世纪之交的疑问,企业发展的第三个阶段取得了成功。

### 7.2.4 第四阶段：迈进行业前三，争当世界一流，吹响“双轮驱动”新发展号角

2016年，陕汽进入高质量发展新时代，“2035战略”引领企业挑战更高目标，“双轮驱动”战略举措开启企业发展新格局，企业发展进入第四个阶段。聚焦需求，正向研发，实现从满足需求到引领需求。军民融合高效协同，科技创新体制机制落地见效，商用车新能源与智能网联技术行业领先。2017年初，在我军第三代重型军用越野车竞标中，经过激烈竞争，陕汽产品以排名第一的成绩，成为唯一中标厂家。

陕汽的信息化建设始于2004年，经过20年的发展，目前已建设覆盖生产供应、研发设计、营销服务、综合管控等核心价值链的各类信息系统数十个。随着各个业务系统的上线，夯实了陕汽信息化基础，也累积了海量数据资产，而原有独立的业务系统模式在一定程度上成为了企业进一步信息化交流的阻碍，也为企业的一体化决策带来困扰。如果对这些基础数据进行精确、深入的分析，并将分析的结果应用于企业发展决策当中，将会对企业发展带来巨大的推动作用。为此，如何将各信息系统串通，让数据灵活运用，从海量数据中挖掘价值数据，为领导层决策提供及时有效的支持，实现运营可视化和数字化辅助决策，成为信息化建设中的新方向。其实，陕汽较早地开始采用质量信息化系统，通过MES(制造企业执行系统)、DMS(汽车经销商管理系统)、WMS(仓库管理系统)、SCM(供应链管理)系统、QMS(质量管理体系)等系统收集数据，推动质量数字化管理。

## 7.3 摸着石头过河：数字系统试点

为了优化生产流程和提高产品质量，减少人为因素对产品生产效率的影响，陕汽开始尝试在生产管理中引入数字化。但是，需要什么技术？谁来开发？人才怎么培养？资金哪里来？如何实现技术的匹配？军用产品与民用产品是否有适应性差异？员工如何适应转型？这一系列问题扑面而来，压得陕汽难以喘息。重压之下，陕汽勇敢地踏上了摸着石头过河的冒险之旅。

### 7.3.1 多管齐下，数据分散

改革与创新的道路必定充满了风险与未知，不能把鸡蛋放到一个篮子里的道理大家都明白。常理而言，想要稀释风险，就得从多方面入手进行尝试。陕汽也深谙这个道理，刚开始转型就决定采用质量信息化系统，通过MES、DMS、WMS、SCM和QMS等多系统进行数据收集，以推动产品与服务质量的数字化管理。

然而，很快他们就发现了这种方式一个很大的弊端——数据分散。每个部门对业务数据的保存和使用需求不一致，对数据的定义可能也存在差异。尤其是对军事机密的信息保护要求比普通信息的要求高出一大截，在参数设定等方面也存在差异。不同类型的数据在各自的系统中形成了信息孤岛，难以共享，且数据的统计口径不统一，转换起来也十分麻烦。不同用途的产品管理和数据合流也是一个难题，各部门无法综合利用，不能整体把握全面的数据内容和数据结构，数据无法发挥价值，这就为数字化转型埋下了隐患。

要消除陕汽数字化转型的痛点，数据价值得到充分释放是关键，而要解决数据分散的问题，就要建立统一的信息化管理系统。陕汽建立质量信息化系统的目的，就是通过将各来源的数据加以汇聚并进行综合分析，实现对质量的管控甚至提升。但各个系统就好像一个个小篮子，数据就像鸡蛋一样被放到了不同的篮子里，杂乱而无章。直至 2018 年，陕汽在上海汽车行业峰会上偶然与联想集团邂逅，深入了解了他们构建的国内第一个制造业数据湖——联想统一数据平台，随后便邀请联想为其提供数字化转型的咨询服务，并在其帮助下迅速建立了属于陕汽自己的数据湖。

经过不断尝试与改进，陕汽最终成功形成了开放共享、资源统一的企业数据生态中心数据湖，包括业务数据、车联网数据、外部数据以及未来需要的智能制造相关的全量数据。它收集了装备制造企业所有完整的数据，包括 IT 数据和 OT（运营技术）数据，且可以做到随用随取。利用并行处理技术，能统一处理结构化和非结构化数据，完成了统一数据资源、统一平台、统一数据治理和统一数据支撑的价值目标。以数据湖为核心的陕汽数据中台打破了传统烟囱式系统建设模式，充分释放数据价值，让陕汽以质量为导向的数字化转型初衷得以呈现。图 7－1 为陕汽大数据平台建设图例。

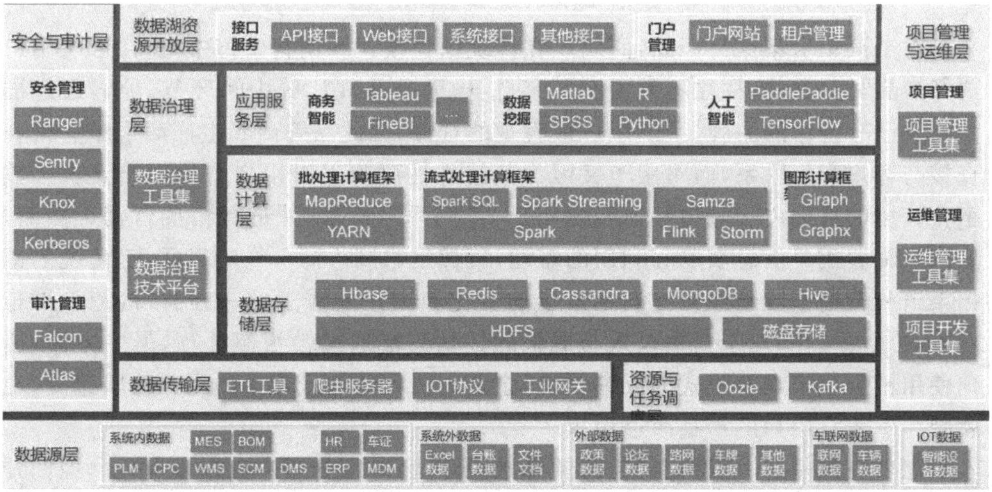


图 7－1　陕汽大数据平台建设图例

### 7.3.2 人心不齐，泰山难移

陕汽党委书记、董事长袁宏明认为，“创新对陕汽而言并不陌生，从建厂初期独立自主完成延安牌重型军用越野车开发，到后来发展的关键时期，大胆引进民营资本，进行体制、机制创新，推动企业逐步由弱到强。正是这种勇于创新的企业精神，促使着一代代陕汽人坚持不懈地创新求变，成就了陕汽今天良好的发展局面”。

起初，为了完成少数信息处理任务，陕汽设立了计算机中心，随后又正式设立“企业管理部”这一信息化办公室，但员工数量始终只有 8 人。直至 2004 年陕汽才开始实施漫长的企业资源计划（ERP），成立了专门的 ERP 项目组，人数也上升到了 40 人。之后的时间里，他们进行了多次的组织结构变革，从 2017 年至今以两化融合为主导的信息技术部最终达到了 109 人的规模，2017 年的销量也成功突破 24 万辆。

然而在数字化转型的过程中，总会有人担心变革可能给自己带来风险与危机而持保留意见，且随着规模的不断扩大，员工态度和能力的多样性也随之增加。在陕汽军民融合的文化传统、承担国家使命的文化基础上，能否具有统一的目标和期望又给企业数字化转型带来了新的挑战。不少员工都曾在陕汽内部技术交流会上表示：“我觉得这个转型可能会导致一些岗位被淘汰，所以会担心自己的工作受到影响。”“数字化转型需要学习新的技术和工具，我不确定自己能否适应。”“大数据管理会不会对我们军用产品的信息产生威胁？”

### 7.3.3 门槛切割，用户难达

对于汽车卡车这类产品，商用车在传统销售模式和销售渠道中，直接影响用户选择产品与品牌的，往往不是生产厂家自身，而是修理厂等中间环节，他们通过推荐与自己有合作的品牌，给了用户最直观的选择，因此品牌商和生产商很难有机会直接与客户产生联系，而军用车又因为其特殊性质难以对用户直接提出要求。数字化转型的目标之一是更好地触达用户，了解用户需求，并进行精准营销。然而，陕汽面临着用户信息获取和利用的难题，就像是水滴入海一样难以回流，传统的销售渠道和营销手段已经无法满足市场的变化和用户的需求。一方面，营销效果难以直观地可视化，对于营销投入与成果的评估只能通过销售额计算，另一方面，用户使用情况也很难有正式的反馈渠道，企业无法收集到最直接的用户体验感受，也就缺少了来自用户的产品改进建议。

想要直面用户，就得建立自己的私域流量，将丰富的用户数据私有化。他们开始协同产业链资源，重塑商业模式，搭建全新的价值体验平台，实现产品、服务与用户之间的无缝链接，让用户最大化体验陕汽的产品。他们还积极开展线上线下的宣传推广活动，与用户进行深入互动，就像是深海中的潜水员，不断将数据流带回到岸上，收集用户反馈与意见，成功实现用户与企业的直接对接。

### 7.3.4　洞悉一切，站稳脚跟

装备制造业在数字化过程中具有天然的劣势，大型生产装备机器和传统生产方式都在不断拖转型的后腿，因此数字化进程相对于数字原生、金融、能源、运营商等类型的企业来说比较滞后。同时在地区上，由于资源获取的难易程度差异和地理限制，西部企业相对于东部企业也在数字化和信息化的水平、意识和投入方面存在较大差距。从整个行业来看，大部分汽车制造企业仍处于信息化建设和数字化探索的叠加期，IT 部门的主要工作还处于业务数字化阶段，以提升业务操作效率为主。

2008 年前后，尝试进行数字化转型的企业间流传着这样一句话：“不上 ERP 是等死，上 ERP 是找死。”在整个行业都在观望和犹豫的时候，陕汽又该如何做出选择？他们深入分析当时的时代背景，结合外部环境“高频技术创新、管理模式变革”的竞争特点与企业内部“业务响应缓慢、数据不通不畅”的现状，以“关注整体而非局部、着眼未来而非当下、以用户为中心而非产品”为导向，坚定地踏上数字化转型的旅程。

大数据分析及可视化平台、企业级数据湖的建成应用，帮助他们实现了数据整合接入、数据集市和数据仓库等功能，得以将公司内部应用系统数据、车间工业物联网数据、供应商生产与交付数据、外部政策法规及互联网舆情数据统一采集接入到数据湖进行存储，并采用机理模型与数据分析技术相结合的方式，实现对复杂工业数据的深度挖掘与优化决策，利用数据平台智能分析决策环境并提供解决方案，陕汽在数字化的道路上又前进了一大步。

正是因为注重对市场和技术的深入洞察，积极开展行业市场调研、竞争对手分析和用户需求调查，以确保选择合适的技术路径和应用场景，透视整体局势，把握发展趋势，顺利融合军用民用产品要求，陕汽才能逐渐在这场转型之战中取得技术上的成功，在整个行业站稳了脚跟，没有被数字化的浪潮掀翻击倒。

## 7.4　阵痛中的转变：数字化转型下的管理模式裂变

“数字化转型不是简单地搞 IT，是更大范围更高层次的企业管理变革”。改革注定是一条充满荆棘的路，为了实现数字化转型，陕汽需要拿出褪羽折喙的决心，但同时也要面临拔毛断喙的痛苦。技术上暂时成功并不意味着与企业的顺利融合，如何把这些结构化的代码与实际管理流程相嵌合，是陕汽接下来要解决的问题。

### 7.4.1 战略与文化升级

数字化转型不应该是孤立的，这项全面的变革涉及组织结构、业务流程、技术架构和人员素养等多方面的调整，它需要整个企业共同发力。一方面数字技术研发需要资源投入和倾斜以保障数字化实施的基础，另一方面产品设计和业务目标也需要根据企业数字化程度进行相应的转变，考虑到军民产品的差异，如何权衡不同业务的范围也是需要考虑的问题。因此，企业需要一个整体的数字化战略为数字化转型提供方向和目标，它描绘了一幅清晰的地图，指导企业在数字化转型的过程中按照规划的路线前行，避免一味盲目地采取技术和数字化解决方案。在此过程中，有效的绩效评估和监控机制，还能帮助他们及时发现问题并进行调整和改进，降低了偏航迷路的可能。

"众人拾柴火焰高"，只有拥有巨大的勇气和决心才敢大踏步走出舒适圈进入新领域。学习新技术确实需要时间和努力，新技术带来的效率的提升也势必会导致人力投入的减少，但陕汽的做法给了员工们一针强力安慰剂。他们提供技术培训和跨部门合作机制，加强内部沟通交流，打破组织内部的壁垒和利益冲突，促进各部门和功能之间的沟通、合作和共享资源，缓解员工对于技术能力不适应的焦虑，同时通过设立激励机制并加大宣传力度，激励和引领组织成员积极参与变革，深化军民融合、为国奉献的文化精神，鼓励员工进行自主创新学习，激发每个成员的热情和创造力，成功调动员工的整体力量，让每个人都能够在数字化转型的道路上迈出坚实的步伐。

### 7.4.2 人力资源与技能提升

人才匮乏的问题始终像一把剑悬在陕汽的头顶，汽车制造行业竞争激烈，究其根本还是人才的竞争。即使目前借助第三方服务商可以逐步进行数字化转型过渡，后期的技术适应与调整、维护与维修、迭代与升级等问题也会一次次冲击着他们。其军民融合的特征对员工的道德要求和政治高度有着更高的标准，与其墨守成规等着人才送上门，不如主动出击寻找、培养优质资源，技术只有掌握在自己手里才让人安心。

陕汽通过校园招聘和社会招聘吸引社会各类人才，引进人才后，先派专人对其进行为期 1 年的跟踪管理，帮助员工更加快速地进入工作、融入环境，利用数字化员工成长平台，让员工自主学习成长。与此同时，员工还可以通过平台对日常生活中的问题提出诉求，他们将会在第一时间给予回复并逐级解决，避免“下通上不达”的问题，提供真正的发声渠道，提升员工的工作积极性。最重要的是，他们利用集团专家的力量建立陕汽专家人才库，聚集专家资源，同时为子公司打通通路，遇到有关质量、技术、运营等多个方面的“炸弹”都可以直接反馈诉求，集团收到“报警”后便即刻派驻“拆弹专家”到子公司进行问题处理。目前，集团专家库已上线专家300多人，未来还将继续扩大人员范围。

### 7.4.3　组织结构与流程优化

在数字化战略的引领下，企业的组织结构与业务流程开始逐渐向数字化靠拢。从生产前的供应商管理到生产中的质量把控再到最后产品储存与销售，都在数字化的影响下玩出了新花样。

首先面临的问题就是供应商的管理。重型卡车是以多品种批次、流水式混线生产模式为主，涉及多种类型的零部件和原材料，也就意味着上游供应商数量十分庞大。不同的供应商都拥有自己的管理模式与交易模式，现有市场运行规则和制度力量难以将行业统一，虽然企业数字化管理可以单方面整合各供应商的数据，但庞杂的供应商体系导致了数据量的攀升，也给数据转换带来了巨大的挑战。除此之外，这种分散的供应商网络也会伴随着信息共享程度低、信息传递有延迟和过程噪音大等问题，信息的冗余和过程的重复都在不断提醒着陕汽管理成本高、效率低等问题。

为了适应巨大数据量带来的挑战，陕汽做出了组织结构的转变。先评估数字化需求和能力，了解组织中已有的数字化技术、系统和人才，并确定数字化转型所需的新能力和资源；然后根据需求和业务目标，重点布局了产品质量管理领域确定转型优先级；随后重新设计组织架构，考虑数字化所需的职能、团队和角色，重新分配责任和权限，详细区分军品与民品信息管理方式，重新定义岗位职责和工作流程；完成上述流程后，就开始利用信息系统打通信息化流程，支撑研、产、供、销、服等15大业务领域，并设立跨部门的数字化项目组，以推动数字化项目的跨功能实施和协作。

值得注意的是，产品质量管控是他们关注的重中之重，为了实现生产端的产品质量控制管理，陕汽从产品入库到下游销售全链过程进行追踪。在入库环节，上线一物一码系统整合供应商体系，对货品进行赋码贴标，每个产品都被赋予唯一的标识码，这就是独属于该产品的“二代身份证”，不仅可以区分产品的军用民用类型，还能通过扫码查看产品的生产过程和运输轨迹，在配件生成过程中同步实现全产品入库，实时掌握货品出入库数据，全面提升生产效率。出库之后，继续利用标识码和货品追溯系统，帮助陕汽实现从工厂生产、在途运输、渠道库存到终端消费全链条追踪，彻底将链路打通，通过有效监控订单核心节点的过程信息，挖掘订单数据价值，从流程层面解决了管理变革不适应的问题。

### 7.4.4 风险管理与安全

为了保持企业的竞争优势，防止网络攻击和数据泄露，并维护客户和合作伙伴的信任，陕汽在发展数字化的同时也要考虑信息安全问题。同时，作为一家军民融合企业，负责了部分军用产品的生产与销售，他们必须保护军事机密和知识产权，防止敏感信息泄露，以维护国家安全。而数字化的全面发展使得企业的信息系统和数据变得更加容易受到网络攻击的威胁，军事信息泄露、商业机密泄露等风险对陕汽的信息安全提出了更高的要求。

显然，陕汽也意识到了这个问题，在生产车间随处可见“禁止拍照，谢谢配合”的字样就是最好的证明。陕汽首先加强员工的安全意识培养，通过定期的安全培训和教育，培养员工对威胁和异常行为的识别能力，让他们成为信息安全的第一道防线。陕汽还成立了专门的信息安全团队，负责信息安全的规划、实施和监督。此外，开展全面的信息安全风险评估，识别潜在的威胁和漏洞，并采取制定安全政策和流程、进行漏洞扫描和安全测试、加强网络安全防护等应对方法。同时，实施严格的访问控制机制，确保只有授权人员才能够访问敏感信息和资源，利用多因素身份认证、访问权限管理、加密技术等手段，并定期更新和升级安全软件和设备，提高系统和数据的安全性。通过建立健全的网络安全体系，及时发现和应对网络攻击和恶意行为，以应对不断演变的威胁。

## 7.5 生命迭代：数字化组织生成

### 7.5.1 老大哥“数”装再出发，管理决策数据化

作为国内重卡头部品牌，陕汽的供应商厂家数量庞大，管理体系相对复杂。此外，由于陕汽重卡属于多品种批次、流水式混线生产模式，加上复杂的生产模式，导致其生产过程中的管理决策十分困难。在生产交付过程中，经常面临信息共享程度低、信息传递延迟等问题，影响管理层的决策效率。为了优化现有落后的管理决策模式，陕汽重卡与业内专业的数字化营销服务商驰亚科技达成合作，两家企业对业务进行了深度的沟通与梳理。通过整合和优化组织结构，陕汽将不同部门的力量充分发挥出来，实现数字化转型下的管理决策协同优化。同时，陕汽采取了多种管理决策优化措施，例如设立数字化转型项目办公室和执行委员会，建立数据质量

管理和信息安全管理机制，等等，实现各部门之间的紧密协作，加快部门之间的沟通和交流。此外，陕汽采用先进技术，如ERP、MES等，支持生产计划与物流管理中的精确化决策，提高决策的可靠性，优化决策过程，大幅提高决策效率，建立数字化支持决策体系，保障决策系统的可用性和稳定性。最后，为了更好地使数字化服务于人员的决策，陕汽还成立了"数字化大讲堂"，现已成为陕汽数字化转型理念的重要导入途径，后续将陆续推出数据资产价值挖掘、商务智能主题讲座等，通过不断强化数据资产管理，挖掘数据价值，进一步为陕汽数字化转型下的管理决策模式升级提供大数据支持。

### 7.5.2　数字技术不断创新，助推军民深度融合

陕汽自成立以来，一直都是军民融合的"行业范本"。陕汽应军车而生，依军车而强，作为6次参加阅兵的汽车生产企业，陕汽始终保持军用汽车的领先地位。在由计划经济向市场经济转变的艰难过程中，陕汽顺应改革开放的大潮，从军用汽车向民用汽车市场进军，在不断地摸索与创新中，于20世纪90年代完成了军转民的过渡，成为军民融合的成功典范。回顾陕汽的发展史，1968年，陕汽在宝鸡蔡家坡开工建设，拉开了50余年的发展序幕。在条件极差的情况下，第一代创业者们克服重重困难，建设起我国第一个重型军用越野汽车生产基地，自主开发出我国第一代重型军用越野车，改写了我国不能生产重型军用越野汽车的历史，解决了我军"有炮无车"的问题，成为经国家唯一指定装备我军的主力战车，为国防建设做出了突出贡献。20世纪70年代，在极其艰苦的条件下，自主开发了"延安250"军用越野车。20世纪80、90年代，开发SX2190系列军车，成功参加了国庆50周年阅兵。进入21世纪以来，通过对外合作、成立集团、改制重组，实现了体制机制创新；北郊基地的策划和建设，实现了发展模式创新；同时，在数字技术不断变化的环境中，陕汽也积极紧跟数字时代潮流，通过引进MAN F2000等技术，实现了产品创新。进入"十三五"以来，通过技术上的不断变革，第三代军车成功中标，新一代产品平台即将成功上市，天然气、新能源、纯电动产品行业领先……这些都是现代技术不断创新助推军民融合的具体表现。

### 7.5.3　管理方式蜕变，从传统车辆制造管理向全生命周期管理转变

陕汽作为传统车辆制造商，其进行数字化转型的目的是构建全生命周期的管理体系，实现数字化、创新和可持续发展。为此，陕汽建设了"IT＋"和"智造＋"两个平台，致力于打造现代化的管理平台体系。同时，陕汽上线一物一码系统整合自身供应链体系，对货品进行赋码贴标，在配件生成全过程中同步实现了全产品入

库，实时掌握货品出入库数据，通过数字化管理供应商，全面提升生产效率。货品全链追溯系统，帮助陕汽实现了从工厂生产、在途运输、渠道库存到终端消费全链条追踪，彻底将货品链路打通，实现产品全生命周期的管理。此外，陕汽的全生命周期集成还体现在将以客户为中心落实到整个战略体系中，以数字化组织作为推进保障，建立数字化转型相关管理机制；以数字化文化为催化剂，通过全员宣贯与应用实践，促进数字化文化的养成，实现全员数字化意识的转变，同步推进数字化基建与数字化新生态建设。在这一系列数字化转型举措的推动下，陕汽从传统的车辆制管理方式，向全生命周期集成管理模式转型，并实现了从生产制造到销售服务的全过程管理。

### 7.5.4 构建数字平台系统，快速高效智能决策

作为陕汽后市场服务的重要抓手之一，天行健车联网已安全运行 10 余年，在网车辆超 100 万台，覆盖海外市场 30 余个国家。目前，天行健拥有商用车行业最丰富的数据资源，数据包含整车静态数据、整车动态数据、GPS 数据、发动机数据、故障和报警数据等五大类 90 余种。存储累积的车辆数据达 5 年以上，历史跨度大、周期长，优质数据资源价值利用率较高。天行健构建的数字化数据仓库可满足各类场景服务化数据接口超 400 个。实时掌握的庞大数据，为企业关注产品全生命周期和客户经营全过程提供有效支持，帮助客户智慧管车，有效掌握客户需求，改进产品服务，多维度推动车联网技术和产品升级。正在有序推进的天行健车联网“双活”数据平台建设，将实现车联网领域云管端核心自研能力的跨越式突破，涵盖三大中台(资源、数据、应用)和六大中心(采控、存储、计算、影像、命令、数据服务)建设。项目的成功实施，将在商用车数字化转型、数据安全、车云协同等方面，促进集团公司智能制造的发展，对全国范围内商用车车联网平台产生示范引领效应。同时，作为公司财务核心板块之一，财务共享服务中心构建完成“战略财务、业务财务、共享财务”的三分财务管理模式。通过搭建新模型、引用新平台、功能优化拓展、提升用户体验，提高财务数智化水平，巩固财务共享系统作为公司业财融合平台的作用。实现全链路数据功能融合，消除信息壁垒。已全面建成以共享和 ERP 系统为主，商旅、影像、资金、档案、税务、主数据、RPA(机器人流程自动化)、供应链金融等多平台为辅助的财务数智化综合应用系统组，为财务数智化转型提供多种财务应用场景选择。采供、销售、价格、资产、费用、资金、税务、总账等八大模块全业务共享上线，打通共享系统与本部及子公司产供销管财等 20 余套系统全链路数据集成，系统接口 200 多个，消除部门级信息壁垒。在以上平台系统的助推下，陕汽的管理决策模式正逐渐向快速高效智能转变。陕汽数据湖平台建设情况如图 7-2 所示。

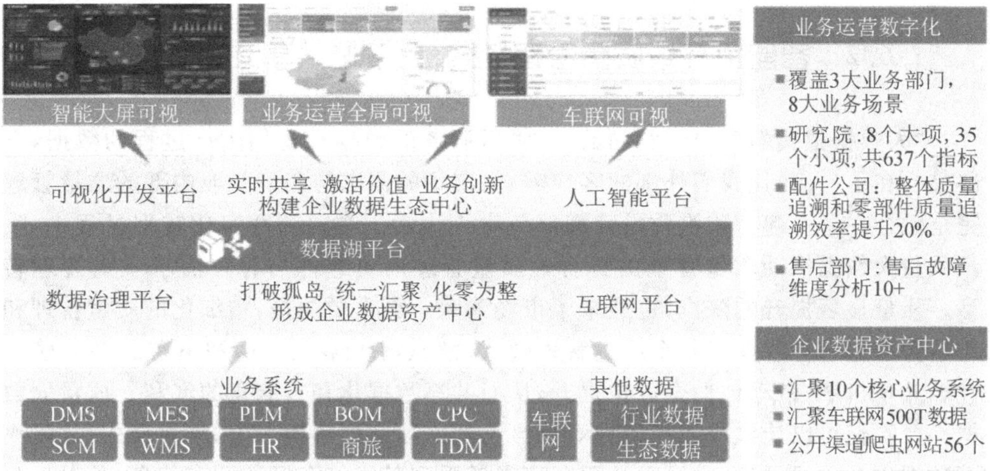


图7-2　陕汽数据湖平台建设情况

## 7.6　质量管理双效提升的全球战略"生存战"

### 7.6.1　依托数字大数据，实现精准质量管理

陕汽质量管理部坚持依托数字化手段及创新方法，实现精准质量管理，全面推进质量管理双效提升，不断提升产品竞争力。通过建立质量损失预算与判责制度，陕汽质量管理部牢牢树立全员质量成本意识，明确质量损失责任主体，推动全员积极以市场为导向，及时主动进行质量改进。上线大数据场景搭建、轨迹分析、车辆档案、知识图谱等模块，实现车辆全生命周期数据采集，通过车辆运营质量自主分析等实现车辆最佳配置等功能。依托质量大数据平台，质量管理部从降低初期故障率、提升整车系统可靠性、系统质量管理提升等多个维度组织开展12项公司级品质提升项目，专项攻克发动机底盘线束系统的改进，初期故障及售后外损管理、新产品开发管理、产品一致性管理稳步提升，单车外部损失整体降低8%，达历史最低水平。同时，陕汽采用质量信息化系统收集数据，推动质量数字化管理。此外，质量管理部以首次故障平均里程为目标，依托质量大数据平台，持续为2100余家产业链伙伴提供数字化服务，构建共生共赢全产业链生态圈，促进全产业链质量稳步前行。销售、研发、生产等多个业务部门纷纷提出各种大数据应用需求，大数据建设、云建设、客户画像、精准营销……数字化转型正应用于陕汽的方方面面。

### 7.6.2 智能化升级质量管理模式，上下游共享红利

“大数据把我们客户运营的数据、售后服务的数据和我们生产过程的数据，全部整合在了一起，让我们外部的客户需求、市场的需求与我们企业内部的质量管理完全融合在了一起。”陕汽质量管理部负责人表示。在陕汽数字化转型过程中，陕汽质量大数据推动质量管理由符合性质量管理向可靠性与客户需求质量管理转型。质量显著提升的陕汽，也迎来了市场青睐。更重要的是，精细化的质量管理和质量大数据平台改变了整个质量管理模式，陕汽向上游供应商和下游服务商建立数据共享机制，带动他们全方位提升，从而共享数据化和智能化的红利。质量大数据平台不但可以让供应商精确地看到自己的产品装到哪辆车上，失效模式、故障率等数据也是一目了然；也可以让服务商渠道看到其维修车辆的所有信息，并对异常情况自动报警。通过上述不断的良性互动，客户满意度和服务管理水平得到了大幅提升。2019—2020 年单车故障率及索赔金额下降约 1 亿元，质量得以精准管控，连续签约千辆大单……陕汽品牌美誉度显著增强。

### 7.6.3 数字技术管理模式，军民融合全面落地

陕汽为了迈向军用重卡高质量发展的高速路，在产品性能、品质、研发能力等方面始终保持国内领先乃至达到国际一流。究其原因，陕汽在以下两方面下足了功夫：首先，有技术研发体系做支撑，与国际一流重卡产品水平看齐，确定技术研发的方向；其次，实现更高层次的自主创新，考虑选择适合于陕汽特点的路径来实现。2016 年后，陕汽进入数字技术发展新时代，企业发展进入第四个阶段。天行健，君子以自强不息。新的时代已经到来，一家传统的军用重卡制造企业，经过几十年的摸爬滚打，正在新时期焕发出新的活力。

### 7.6.4 主动拥抱数字化浪潮，让世界倾听陕汽声音

21 世纪是数字化的时代，车联网所催生的智能化、数字化服务时代正迅速到来。陕汽是首个将车联网服务系统应用到卡车领域的企业，着力打造“智慧陕汽”，以科技创新为第一动力，推动大数据、互联网、人工智能与制造的融合，加大资源整合力度，构建行业领先的汽车后市场智能服务平台，在互联网汽车、共享经济等领域，塑造引领未来发展的新优势。陕汽的数字化服务，不仅打破了我国重卡行业长期以来“有品牌没服务，有服务无品牌”的尴尬局面，同时也提升了重卡行业的服务竞争意识，给行业带来了新风气。陕汽强调向服务型制造转型的重大意义，并把这

一服务理念提升到了新时期的国际战略层面。经过50多年的发展历程，陕汽传承并积累了一套自主创新的企业知识体系，拥有国际领先的全系列商用车自主研发平台及支撑体系、先进的研发软件以及完备的检测和试验能力，具备汽车造型设计、工程化设计、仿真分析、试验开发评价、样车试制等系统性开发能力，为全系列产品的开发提供强力支撑。

近年来，陕汽紧抓“一带一路”机遇，充分整合国际市场优势资源。陕汽进出口公司与国际优秀伙伴紧密合作，大力推进全球营销网络布局。10年来，陕汽在海外已拥有完善的国际市场营销网络和标准化的全球服务体系，营销网络覆盖非洲、东南亚、中亚、西亚、拉丁美洲、东欧等区域。陕汽SHACMAN重卡在海外市场保有量已超过10万辆，市场覆盖90多个国家和地区，拥有数量众多的海外子公司、海外办事处、海外4S店、海外服务网点、一级经销商等。陕汽将紧抓“一带一路”项目建设机遇，巩固优势市场，突破长途物流运输等差距。坚持“一国一策”产品策略，针对各细分市场配备专业化产品清单，提高内部反应速度，并由一线业务人员协助经销商开发市场。尤其是“以客户为中心”理念下的服务及配件网络建设，是陕汽最看重的未来支撑。重视客户、强调全生命周期成本的陕汽，就这样一步步走出国门，在亚洲、非洲以及俄罗斯市场落地生根。未来10年，国际化的陕汽将走得更远。代表民族重卡走向世界、参与全球竞争的陕汽，始终坚守初心，始终紧抓核心竞争力这一关键，在产品技术上不断创新。知天命而望百年，50多岁的陕汽在经历了一次次改革洗礼后，正以“百年陕汽”的梦想照亮奋斗之路。

# 第 8 章

# 数字化转型与企业管理适应性变革的一些思考

## 8.1 如何应对数字化转型与企业管理适应性变革

在数字化转型与企业管理适应性变革的过程中，总是会涉及多方面、多层面的困难和阻力，为了确保数字化转型和企业管理适应性变革的成功，本书认为可以从宏观、中观、微观等三个层面推进相应的应对措施和方案设计。

### 8.1.1 宏观层面

政府应高度重视数字化转型对企业管理变革的作用，引导企业加快数字化转型步伐。与传统创新模式相比，数字技术嵌入颠覆了传统创新流程，带来创新过程、模式的深刻变革，其对企业管理变革的重要性不言而喻。政府部门应加大对企业数字化转型的支持力度，加快制定合理的支持企业数字化转型发展政策，有效解决企业数字化转型能力弱、成本高等问题（陈和 等，2022）；全国统筹考虑，重点推进商用数字技术基础设施建设，提高企业数字基础设施的可得性。

第一，政府应从多方面助力企业数字化转型。一方面，应优化数字经济发展的制度供给，破除数字要素流动共享的堵点；提升优化前沿数字中心布局，加快形成数字技术赋能平台；同时搭建数字化转型产品市场，引导市场完善数据确权和定价机制，明确数据交易的价值分配准则，促进数据要素流动（石先梅，2022）；推动数字设施共建、数字资源共用、数字红利共享，强化高质量数据要素供给。另一方面，应从资金、技术、人才等方面有针对性地扶持企业数字化转型，切实解决企业“不敢转”“不会转”“不能转”等实际问题。

第二，数字经济时代的违法侵权行为有较强隐匿性，加大对侵权行为打击力度能强化企业实施数字化转型战略的意愿。为此政府应强化知识产权保护，根据信息化时代侵权行为的新特点出台针对性的法律制度，明确数据安全归口管理部门，加大知识侵权行为的违法成本和执法力度。

第三，非国有企业面临诸如体制、资金等约束条件，影响其数字化转型进程，政府应积极促进体制机制改革，加大对非国有企业数字化转型的资金支持和政策优惠等，带动其产业链上下游企业数字化转型（王伟玲，2019）；加大对劳动密集型企业的政策倾斜，用相应的优惠财税政策推动劳动密集型企业的智能化改造，推动构建数字化资源共享平台，减少劳动密集型企业数字化转型成本；引导银行出台企业数字化转型专项信贷业务，切实缓解企业数字化转型中的融资痛点，为企业数字化转型提供足额的资金支撑。

第四，平衡区域间的数字化转型程度。不平衡的数字经济发展可能进一步拉大区域科技创新差距，如果后发地区政府能够很好地服务于当地企业数字化转型，为企业数字化转型提供良好的制度环境与政策支撑，那么未来可能在科技创新维度实现对发达地区的快速追赶甚至反超（许峰，2020）。因此，各级政府应顺应数字经济发展新趋势，将数字经济发展置于更为重要的地位，特别是对于后发地区而言，应当抢抓数字经济发展机遇，鼓励企业进行数字化转型，进而弱化知识匮乏对当地科技创新的阻碍作用。此外，地方政府需要在产业变革上，给予企业政策与资金支持，优化产业发展环境，推进传统产业数字化转型，实现高质量发展（石先梅，2022）；地方企业也应该积极配合政策协调发展，通过调整产业结构，推进产业数字化转型，提升资源优化配置效率，实现地区数字经济高质量发展。

第五，建设共享基础设施。目前，我国的普遍做法是，以制造业龙头企业、信息服务领军企业、互联网平台企业为主导，构建工业互联网平台或数字平台，共享数据资源、突出行业功能，推动数字化转型；未来更应加强这些数字化基础设施的公共属性。一方面，推动企业数字基础设施云化。数字经济时代，以“云、网、端”为代表的基础设施能够降低企业内部交易成本。关键在于，云服务所提供的算力和数据技术能够帮助企业提升业务数据处理能力，利用数据云设施是最具成本效益的数字化解决方案（朱锐勋，2022）。我国中小企业可以通过共享云服务，降低转型成本；同时，把云服务作为中小企业的重要数字化基础设施，推动中小企业“上云”，以解决实际业务问题为出发点推广数据集成云服务和云应用。另一方面，构建区域工业互联网平台。我国应把工业互联网平台定义为区域性或者行业间共享的基础设施，构建跨区域、跨行业互联网共享平台，提升数字平台的灵活性、开放性，使其成为行业或区域共享的创新中心。尤其是对于在线产业带和产业园平台，可以把工业互联网平台作为区域工业全要素链接的枢纽与工业资源配置的核心，将其定位为基础共性服务，并使其与企业级数字平台互联互通。我国以数字化平台为基础，设计涵盖数据、技术、流程、组织等关键要素在内的系统性解决方案，推动企业数字化能力和业务创新的持续提升。另外，地区信息基础设施建设直接影响企业数字化转型程度和经济效果，为此政府应扎实推进信息基础设施建设，有针对性、前瞻性地部署新基建，协调数据跨区域交互，加快形成企业数字化转型的区域规范同构效应，引导企业实施数字化转型战略(靖剑波，2022)。

第六，强化关键技术支撑。我国企业数字化转型最为重要的关键技术就是以数据处理和算力为基础的智能技术，以及数据中台架构技术，两者能够帮助形成汇集和分析企业数据的“工业大脑”。一方面，提升数据处理的智能水平。工业数据积累量大但标准不一，因此要提升数据能力、算法能力、计算能力，通过数据驱动帮助企业降本提质增效，实现产业链全流程的协同优化。企业通过建设工业大脑，将长期积累的隐性知识显性化、规范化、代码化，并通过重复调用的方式，指导或者替代人力进行决策与执行。基于算力能力的积累和提升，企业可以将各种智能应用场景颗粒度不断细化，探索开发工业软件运营服务(software as a service，SaaS)或者工业 App(魏琪嘉，2022)。另一方面，强化数据中台的赋能作用。企业数字化转型还要能够引领其所有其他职能部门和业务单元共同建立一种“技术赋能型”的组织架构。从数字经济的视角看，传统企业的数字化转型路径就是构建消费者和产业链信息交互的平台，为各个利益相关者提供信息支持。企业出于业务需求多元、快速技术更新的目的，不断推动数字化平台的升级和扩展。着力推进打造企业中台，包括业务中台和数据中台，推动信息系统架构再升级，形成“微前台＋大中台＋强后台”为特征的数字化新体系，推动企业业务与数字技术深度结合能力、数据智能应用和价值创造能力的持续提升(鲍静 等，2020)。基于数据中台，各商业伙伴能够低成本、高透明地实现对接，从而将交易环节和用户数据沉淀在平台上，并深深植入自己的商业体系，未来平台的数据价值无疑将会被进一步放大。

第七，打造重点转型模式。我国建设数字工厂以及实现业务数字化是推动网络化和智能化的基础，同时，中小企业可以通过与互联网平台进行合作，构建反向制造模式，不断提升数字化水平。一方面，建设数字工厂。我国应强化企业数字化技术改造，提升生产设备、智能单元和生产流程的数字化水平，通过大数据、物联网等数字技术，实现各个业务环节的数字化，以及数据资源共享、资源高效利用和产业链协同，形成数字车间、智能工厂；通过实现各个业务环节的数字化，突破信息孤岛障碍，把设备、员工、库存等数据要素链接在一个系统之中，做到即时、精准传递信息，形成数字化转型的基础(黄璜，2020)。另一方面，借力 C2M 模式。中小微企业是我国制造业的基础，大批中小企业聚集在某一区域形成了数以千计的特色制造小镇，甚至“产业带”。中小企业的数字化转型不一定是打造无人工厂、实现工业自动化等，而可以通过平台赋能，引入先进生产管理技术，降低生产成本；电商平台基于长期沉淀的数字化能力，能够为产业带中的中小企业提供全方位的综合赋能(朱锐勋，2022)；以中央工厂、互联网平台为基础设施，吸引更多的中小企业甚至小微企业入驻，通过整合产业链资源，将整个“产业带”或者产业集群作为集中管理对象，通过标准化方式使原有落后的管理方式得以全面升级，最终形成区域性的数字化转型突破。

### 8.1.2 中观层面

全球数字化革命浪潮下，数字化技术的广泛应用使得产业结构和产业组织发生巨大变化，市场竞争变得更加复杂激烈，企业面临着一系列新的机遇和挑战。面对经济世界的“百年未有之大变局”，数字化转型、智能化升级业已成为各类企业战略方向上的不二选择。对于中国企业而言，应当重点围绕以下几个方面做出应对。

第一，确立数字化转型意识。区别于工业化时代企业主要关注于产品的数量、质量和价格等属性，数字经济下企业管理将围绕用户而展开，产品、服务的模式均以价值的创造与供给为核心。数字化不仅是利用信息智能技术提升效率，而且意味着竞争属性的变化，也意味着管理思维和范式的转变。企业只有聚焦满足用户多元化、个性化的需求，不断加强与生态伙伴的密切协作，才有可能把握住数字化机遇。与发达国家的企业相比，中国企业数字化转型意识还普遍较为薄弱。根据埃森哲 2021 年发布的《2021 埃森哲中国企业数字转型指数》，仅有 14%的中国企业在数字化转型后产生了良好的经营绩效，在盈利性、成长性以及应对外部冲击等方面都有着较佳表现，而绝大多数企业的数字化转型实践尚没有带来实质性的成果。根据波士顿咨询公司发布的《为中国互联网下一阶段做好准备》，仅有 25%的中国制造企业提出将建造智慧工厂，这一比例相对偏低；中国制造企业在智慧连接、数据整合、智慧决策、人机协作四个方面的表现，也相对落后（戴翔 等，2022）。在数字产业经历了原始的“野蛮生长”期之后，在用户数量逐渐逼近“天花板”乃至趋于市场饱和的背景下，中国企业需要尽早确立数字化转型意识，从根本上转变传统管理理念。让用户切实、有效地参与到生产、设计等活动中，通过赋能用户与员工充分发挥智力资本的力量，在不断探索数字信息技术升级及其广泛应用的同时，加速推动其与实体经济的深度融合，从消费互联网时代迈入产业互联网时代，即“从 C 端到 B 端”的转移。

第二，及早制定实施数字化转型战略。根据《2021 埃森哲中国企业数字转型指数》，有 64%的高管认为在未来 1 到 2 年“数字技术＋商业”是企业发展的主要动能，有 57%的高管表示将在强化核心业务的同时，开拓新的业务。面对数字化转型的大势所趋，中国企业迫切需要制定数字化转型战略，依据战略管理的组成要素，制定既先进又可行的数字化战略及其实施方案。虽然并不存在普适性的数字化战略，但“成功的企业是一样的，失败的企业各有各的不幸”，这就要求企业依据“系统决定成败”的理念，先行满足数字化转型的关键要件；同时根据“牵一发而动全身”的特点及时“补短板”（戴翔 等，2022）。对制造业企业的数字化转型而言，需要构建数字化决策体系与管控系统，促进组织结构的网络化、扁平化；需要注重线上和线下渠道有机结合，运用大数据增强营销行为的精准化、精细化；需要运用数字孪生、数字主线(digital thread)、高性能模糊控制器、智能制造等技术加强生产流程管理,促进生产活动的模块化、柔性化(孔存玉 等,2021);需要整合客户关系管理系统和产品设计平台,利用敏捷开发和精益创业方法论,助推产品的版本化和迭代化;需要选择开放型创新平台和各类开源软件,激励全球各种"兴趣小组"主动发现问题并贡献解决方案,实现研发与创新的开放化和开源化;需要利用零工经济趋势,基于在线工作平台,采用多元化、弹性化的用工模式,有效汇聚"碎片化"价值。当然,这里所谈的数字化战略转型,只是择其要点而言,远非全部。即便是对于芯片制造而言,一条生产线就会涉及 50 多个细分行业、2000～5000 道工序。显然,现实中的数字化战略转型过程是一个复杂的系统工程,不仅仅是技术层面的选择,也不完全是管理方面的考量,甚至包含着对体制改革的内在要求以及对各种利益集团的精心考虑和妥善安排。

第三,加强对数字化人才的内培外引。随着数字化转型的不断深入,企业对数字化人才的需求日益扩大。在 2018—2022 年间,全球企业加大在人工智能、人机协作上投资,收入、总利润和员工规模均实现了增长。德勤 2021 发布的《制造业工作的未来》指出,随着先进技术的发展,在未来 10 年,美国制造业面临的数字化人才缺口将达到 200 万以上。毫无疑问,未来中国对数字化人才的需求肯定会更为旺盛,对此,企业需要主动应对。企业应设立副总裁级别的首席数字官(CDO),统筹软件平台建设、运营以及数字化人才队伍的管理。在加大对企业内部人员的数字技能进行培养的同时,利用外部渠道向全球招聘所需要的数字化人才。例如,作为传统制造业典型的通用电气公司,2011 年开始着手制造业数字化转型以来,仅 2012—2016 年的 5 年间就迅速从外部特别是硅谷地区新招聘了 7500 名数字化人才。与此同时,公司加强对原有员工的数字化培训,加速员工轮岗。到 2016 年 6 月,在 30.7 万名的员工队伍中,有 2.8 万人从事与数字化相关的业务。正是这些数字化人才的新活力,助推了通用电气向"数字化制造业"的成功转型。为此,培养、吸纳一批具有数字技能的人才队伍,对于企业转型升级、强化核心优势是必不可少的,因此企业必须加强合格的数字化人才的培养和引入,双管齐下。一方面,企业要构建自己的人才培养机制,可在企业设立数字化专业人员培训部门,专门进行数字化人才的培养,为组织持续输送所需的人才;企业也可参与校企合作项目,与目标高校建立长期合作,由高校来协助企业培养专业的数字化人才。另一方面,企业数字化转型所需的人才不仅数量多,而且要求也多样化,企业自己培养的人才往往不能完全满足企业的需要,因此也要注重外部人才的引进,积极开展各类数字化人才引进计划,既要关注海外人才获取渠道,又要采取更为灵活的用工方式,以满足企业数字化人才的缺口。

第四,充分利用中央和地方政府的支持性政策。党的十八大以来,中共中央、国务院围绕数字产业化和产业数字化已经出台了百余个专项战略规划和指导意见，如国家创新驱动发展战略、“十四五”国家信息化规划、推进“互联网＋”行动、制造业与互联网融合发展、发展工业互联网、科技基础设施与仪器向社会开放、打造“双创”升级版、构建“双创”支撑平台、发展“众创空间”、加快发展生产性服务业、大力发展电子商务、促进大数据发展行动、新一代人工智能发展规划、物联网发展、物流业中长期规划、云计算创新发展、移动互联网发展、数字乡村发展战略、扩大和升级信息消费等，几乎涉及了数字经济的方方面面和各个环节（张成福 等，2020）。与此同时，各个部委和各级地方政府围绕发展数字经济及其具体业态也出台了众多支持性政策。从整体来看，中国政府针对数字经济发展已经制定了较为完整健全的政策体系，各项具体配套政策业已渐次落地，日益完善的政策体系必将为中国企业数字化转型释放出更多的“利好”。为此，企业应该用好用足中央和地方政府的各种支持政策，合理利用各级政府的产业引导基金，充分享用地方政府的人才引进政策，大力开展数字化投资，尽早收获“数字效益”。

第五，企业应打破传统管理范式下的路径依赖，分阶段积极部署数字化转型项目，逐步提升数字化水平。同时应大力疏通数字化转型的中间传导路径，搭建数字孪生应用场景，疏通数字孪生平台与现实研发成果之间的转换路径，以客户需求指导研发方向，减少研发创新风险，提升技术创新绩效；利用数字化技术搭建企业内部反馈系统，加快推进人、机、物之间的点对点互联，破除要素流动的信息障碍，提升企业内部控制能力；利用数字化技术搭设企业展示平台，多方位展示企业资讯，提升产品认可度，向市场传递正面信息，提升企业内外部交互效率，降低内外部信息不对称。

第六，完善企业内部数字化转型制度设计。企业数字化转型是一项长期而艰巨的任务，面临着技术创新、业务能力建设、人才培养等方面的考验，企业需要进行全局、有效协同，才能保证企业转型顺利进行（姜英兵 等，2022）。但是，目前大多数企业内部并没有强有力的制度设计，各部门之间数字化转型的职责和权利不清晰，也缺乏配套的考核和激励制度。因此，为了顺利实现数字化转型，企业必须要完善数字化转型相关制度设计，明确各部门在转型中的具体职责，建立一套专门的数字技术创新和数字化人才引进机制，制定一系列配套的数字化转型考核和激励制度，成立专门的数字化转型部门，以协调其他部门的工作，系统地解决数字化落地问题。同时，各类企业进行数字化转型过程中，一定要仔细研究国家颁布的各项政策、规定，如减免税收，加大补贴力度，金融、人才、土地等要素方面的扶持，充分利用有利于企业转型的国家利好政策，有效减轻企业转型负担，更好、更快地实现企业的数字化转型。

### 8.1.3 微观层面

第一，管理者应将企业数字化建设的工具定位转变为组织系统定位，为企业发展带来创新动力。管理者需要以先进的数字化技术与企业各部门平台为依托，建构人力管理数字化平台。企业各管理部门可积极利用人力管理数字化平台完成自身发展体系的全方位变革，利用精准、高效、自动化的数据分析结果为自身发展提供精确指引，进而促成企业整体治理框架的创新完善，为各职能部门的高质量运行提供持久活力。

第二，管理者应不断提升管理数字化平台的应用效率，并进一步构建以数字化为依托的新型管理体系。管理数字化战略的实施是一个长期、复杂的系统工程，其建设初期以人才信息结构的创设与控制为基础，重点关注管理流程的整体完善与工作框架的重塑，着力推进企业管理各环节的流通衔接与业务数据的融合运用（李辉 等，2020）。随着企业管理数字化程度的不断加深，企业管理者应以企业经营变动情况为依据，确立有针对性的技术模型，对各层级工作进行画像，提升数字化管理系统的应用效果，进而推进数字化转型在企业各方面的建设与应用，确立现代化的新型管理生态体系。

第三，管理者应利用数字化战略激活人才培育的动力，促进现代化创新型人才队伍的构建。人才是企业发展的基础性、根源性动力，管理工作的数字化转型也应当成为人才纵向发展与横向拓展的现代化载体（李开潮，2021）。因此，经营者应重点关注人力资源管理数字化战略内容的制定，在顶层设计维度深化企业技术革新与人才发展的联系，为人力资源管理方式的不断改进提供助力。在具体实施过程中，经营者应立足战略发展框架，以多元的激励与督促机制推进职工专业能力发展，促进其形成现代化发展模式与创新思维，持续拓宽其职业发展前景，为企业人力资源管理数字化战略的实施提供人才与制度保障。在人力资源管理的数字化建构基础上，经营者还需要结合企业发展方向、技术基础、产业转型目标与外部环境等因素对管理系统进行优化革新，为企业发展提供具象化的战略模型，使之融汇于管理工作的各项维度，促成企业人力资源管理数字化战略取得优良成果。

第四，管理者应立足企业发展目标与方向，为数字化战略的实施选择适宜渠道。对于大型企业而言，其依托于自身的庞大体量已形成一定程度的信息化管理规模，具备数字化转型的技术基础。故该类企业可借助信息部门固有的技术储备，针对自身的企业运行流动情况与业务交易形态进行平台系统、板块与功能的创设，从而更精准地推进其经营管理效益提升。对于中型企业而言，除专门的科技公司之外，多数企业可选择与数字化管理公司进行合作，以较为成熟的数字化管理方法为参照，针对企业运行场景建立数字化管理系统（林琳 等，2019）。该种方式不仅可以为企业部门的层级化、专门化管理与服务确立高度契合的发展路径，还能够凭借数据处理嵌套系统完成对企业部门与业务数据的全方位整合，在提升企业管理效率与效益的同时提升运作的协调性。对于小微型企业而言，则可选择专门的数字化系统助力自身数字化战略的实施。小微型企业无力研发或建立专门的数字化管理系统，但多家科技公司已推出通用型的数字化转型服务方案，如金蝶、用友等数字管理平台，可为企业的数字化管理战略提供优良服务。

第五，管理者应基于企业发展的核心职能，依据自身开发与运营的能力基础，谨慎确定企业数字化管理战略的实施范围。若企业组织架构较为简单，难以调拨足够的人力与资源开展全方位的数字化管理工作，则应当以自身的具体业务作为切入点，简化数字化管理的必备流程；一些已经形成较为系统的业务板块模型的企业，则可以根据自身发展，对重点业务进行数字化变革，将企业医疗、养老等系统化管理板块逐步应用于公司日常管理，并以此为基点，不断推向更广的职能范围，最终完成企业数字化管理转型的整体建构。对于已经具备信息系统管理基础的企业而言，其拥有的技术与人才储备为人力资源管理的数字化建构提供了扎实基础，故此类企业可一步到位，以优质的顶层设计为人力资源管理数字化在整体范围内的贯彻提供科学支撑，全面推进企业的数字化转型建设。

## 8.2 数字化转型与企业管理适应性变革带来的影响

首先，新一代数字技术通过引发用户行为和价值的变化，使企业的商业模式发生了根本性变革。在工业化体系中，长期以来都强调用户参与企业创新的重要性，市场权力逐步从制造商主导到中间商主导，再向用户主导转移，企业只有让用户参与创新，才能避免落入价格战的陷阱。然而，由于用户参与的难度大、成本高，因而一直以来用户的参与都只是在非常有限的范围内进行。新一代数字技术不仅通过信息的透明降低了企业与用户的信息不对称程度，而且通过信息的即时交互使用户广泛介入企业的运作过程，使松散的用户个体凝聚成为有价值的群体，形成用户增权。随着用户增权程度的提升，逐步形成了以企业与用户互动为基础的各种新型商业模式，如抖音和滴滴等。这些商业模式的出现对传统企业构成了较大冲击，使企业与用户之间的协同比以前更为迫切和重要，因此，企业需要从原有以企业为主导转向与用户紧密互动的商业模式，推动商业模式的根本变革。

其次，新一代数字技术通过形成大量异质竞争者，使竞争模式发生了根本性变革。在工业化体系中，竞争主要是在同行中进行，因为跨界者通常会因为领域知识的缺乏、技术的壁垒等而面临极高的风险。然而，新一代数字技术孵化出大量的新型数字化企业，这些企业突破了传统意义的行业壁垒，如阿里巴巴进入支付行业，美团进入家居服务、零售等多个行业，抖音进入美妆行业，等等，形成了基于规模经济、范围经济和网络经济相结合的跨界竞争(张国胜 等,2022)。新一代数字技术的应用形成了复杂的网络连接和场景变化,使企业边界和行业边界日益模糊,打破了按行业划分的竞争格局。市场快速多变且纷繁复杂,企业很难再以原有的方式维持竞争优势,由此形成了竞争模式的根本变革。

再次,新一代数字技术通过与劳动相结合形成人机协同效应,使人力资本积累过程和方式发生了根本性变革。工业化体系主要依靠“干中学”、教育投入等方式进行人力资本积累,数字化体系中基于大数据和 AI 的劳动不仅夯实和补充了人力资本存量,而且提高了人力资本增量的速度,扩大了以往纯粹人类劳动难以触及的知识边界,形成对既有人力资源的替代和互补。例如,在工业化体系中,拥有丰富经验的技师往往难以被模仿和替代,但在数字化体系中,通过不断迭代的机器学习,AI 模型可以对这些技师的工作形成替代。又如,借助大数据和 AI 模型,企业管理者可以迅速做出投资或兼并的决策,形成对既有人力资本积累的互补。这种新型人力资本的积累方式使企业和个人必须进行能力调整,推动人力资本的根本变革。

最后,新一代数字技术促使社会经济的相关制度发生了根本性变革。例如,信任对市场经济的有效运行发挥着核心作用,诺贝尔经济学奖获得者肯尼斯·阿罗指出,信任是市场经济的灵魂,缺乏信任是市场经济落后的主要原因之一。随着新一代数字技术在各个领域的应用,社会交换中的技术契约正在形成,构成独立于社会契约但又与社会契约紧密相连的技术信任。在宏观层面,新一代数字技术带来的创新机遇促使国家出台了一系列相关的产业政策和激励制度,这些政策和制度有效推动了技术的应用进程,如基于区块链的科技金融创新等。由此,形成了社会经济制度的根本变革。

## 8.3 数字化转型与企业管理适应性变革潜在研究方向

未来可以对企业数字化转型与管理适应性变革展开进一步研究和讨论,主要包括以下四个方面。

第一,不同的企业进行跨体系数字化转型的动力和阻力往往存在很大差异,因此,企业需要根据自身转型动力和阻力的大小,选择不同类型的转型战略,如激进式转型、渐进式转型或混合式转型等,以形成战略适应性变革。例如,如果一个企业在工业化体系中形成的知识积累越丰富,其进行跨体系数字化转型的阻力就会越大,这时,企业需要进一步评估自身转型动力的大小,根据动力与阻力的综合考量来选择相应的转型战略。

第二,企业需要根据不同类型的转型战略,选择不同的转型路径。企业在确定不同类型的转型战略后,需要根据战略要求选择不同的转型路径。如激进式转型战略需要采取与之相适应的转型路径，渐进式转型战略也需要采取与之相适应的转型路径。

第三，企业需要根据不同的转型路径，选择不同的组织学习方式，形成不同类型的能力转型。不同的组织学习方式会影响企业数字化转型的成效，因此，企业需要根据自身路径依赖的实际情况和路径构造的实际需要，进行适应性组织学习，以此形成能力的适应性变革。在能力适应性变革的基础上，形成不同类型的能力转型。

第四，企业需要根据不同类型的能力转型，选择不同的运营转型模式。具体而言，企业的运营主要包括产品或服务的研发、供应链、生产、营销等。在跨体系的转型中，企业需要根据自身的能力转型类型，选择与之相适应的运营转型方式，以形成运营的适应性变革。例如，数字化体系的研发强调企业与用户的深度协同和大数据的应用，因此，企业产品或服务的研发需要从工业化体系下企业主导、经验主导的模式，转型为企业与用户互动、经验与数据互动的模式，但对于研发转型的具体方式，不同的企业需要根据自身能力转型的类型进行选择。

# 参考文献


安家骥,狄鹤,刘国亮,2022.组织变革视角下制造业企业数字化转型的典型模式及路径[J].经济纵横(2):54-59.

鲍静,范梓腾,贾开,2020.数字政府治理形态研究:概念辨析与层次框架[J].电子政务(11):2-13.

北京大学课题组,黄璜,2020.平台驱动的数字政府:能力、转型与现代化[J].电子政务(7):2-30.

陈春花,2014.从理念到行为习惯:企业文化管理[M].北京:机械工业出版社.

陈春花,2017.数字化时代的三个特征[J].中国企业家(24):104-105.

陈春花,2019.传统企业数字化转型能力体系构建研究[J].人民论坛·学术前沿(18):6-12.

陈春春,2018.产业互联网的定义和分类[J].互联网经济(Z2):32-35.

陈和,黄依婷,2022.政府创新补贴对企业数字化转型的影响:基于A股上市公司的经验证据[J].南方金融(8):1-14.

陈剑,刘运辉,2021.数智化使能运营管理变革:从供应链到供应链生态系统[J].管理世界,37(11):227-240+14.

陈庆江,王彦萌,万茂丰,2021.企业数字化转型的同群效应及其影响因素研究[J].管理学报,18(5):653-663.

陈威如,王节祥,2021.依附式升级:平台生态系统中参与者的数字化转型战略[J].管理世界,37(10):195-214.

陈玉娇,宋铁波,黄键斌,2022.企业数字化转型:"随行就市"还是"入乡随俗"?:基于制度理论和认知理论的决策过程研究[J].科学学研究,40(6):1054-1062.

达夫特,2003.组织理论与设计[M].北京:清华大学出版社.

戴翔,李亚,2022.数字技术、全球价值链重构与中国开放战略调整[J].治理现代化研究,38(5):31-40.

戴长征,鲍静,2017.数字政府治理:基于社会形态演变进程的考察[J].中国行政管理(9):21-27.

郭高晶，朱峰，2022. 政府数字化转型动态能力构建的内涵、意蕴及进路[J]. 领导科学(9)：116－119.
郭洋玲，2019. “中文传媒”数字化转型探析[D]. 江西财经大学.
国家制造强国建设战略咨询委员会，2017. 中国制造 2025 蓝皮书(2017)[M]. 电子工业出版社：528.
韩佳平，李阳，2022. 我国企业数字化转型：特征分析、发展规律与研究框架[J]. 商业经济研究(6)：133－135.
和云，安星，薛竞，2014. 大数据时代企业人力资源管理变革的思考[J]. 经济研究参考(63)：26－32.
何文彬，2021. 数字化转型与我国制造业全球价值链攀升效应研究[J]. 统计与决策，37(10)：97－101.
侯本旗，2022. 管理变革、数字技术与数字化领导力[J]. 中国金融电脑(7)：17－20.
侯光文，刘青青，刘启雷，2022. 双重价值链嵌入与创新绩效倒 U 型关系研究：企业数字化的中介作用与组织韧性的调节作用[J]. 科技进步与对策，38(7)：1－9.
胡查平，汪涛，2016. 制造业服务化战略转型升级：演进路径的理论模型：基于 3 家本土制造企业的案例研究[J]. 科研管理，37(11)：119－126.
胡媛媛，陈守明，仇方君，2021. 企业数字化战略导向、市场竞争力与组织韧性[J]. 中国软科学(S1)：214－225.
黄大禹，谢获宝，孟祥瑜，等，2021. 数字化转型与企业价值：基于文本分析方法的经验证据[J]. 经济学家(12)：41－51.
黄璜，2020. 中国“数字政府”的政策演变：兼论“数字政府”与“电子政务”的关系[J]. 行政论坛，27(3)：47－55.
黄丽华，朱海林，刘伟华，等，2021. 企业数字化转型和管理：研究框架与展望[J]. 管理科学学报，24(8)：26－35.
姜晨，谢富纪，2008. 组织演化的复杂性研究[J]. 管理评论，23(10)：51－56.
姜英兵，徐传鑫，班旭，2022. 数字化转型与企业双元创新[J]. 经济体制改革(3)：187－193.
靖剑波，2022. 基于统管统建模式的政府数字化转型探索[J]. 中国信息化(8)：44－46.
孔存玉，丁志帆，2021. 制造业数字化转型的内在机理与实现路径[J]. 经济体制改革(6)：98－105.
雷明，2022. 企业数字化转型如何过好“信息孤岛”治理关[J]. 现代国企研究(6)：35－37.

李辉，梁丹丹，2020.企业数字化转型的机制、路径与对策[J].贵州社会科学(10)：120－125.

李开潮，2021.企业数字化转型文献综述[J].现代商业(31)：26－28.

李雷，杨水利，陈娜，2021."互联网＋"、技术异质性与创新效率：基于省际工业企业面板数据研究[J].中国地质大学学报(社会科学版)，21(3)：125－141.

李雷，杨水利，陈娜，2022.数字化转型对企业投资效率的影响研究[J].软科学(11)：23－29.

李载驰，吕铁，2021.数字化转型：文献述评与研究展望[J].学习与探索(12)：130－138.

李晓华，2019.江西省现代服务业业态创新的研究：基于"互联网＋"的视角[J].市场周刊(3)：55－56.

李煜华，张敬怡，褚祝杰，2022.技术动荡情境下数字化技术赋能制造企业服务化转型绩效研究：基于资源—能力的链式中介作用[J].科学学与科学技术管理，43(11)：161－182.

李志华，2022.网络经济时代的管理变革[J].湖北开放职业学院学报，35(2)：111－113.

梁煜婷，2021.数字化转型对零售业财务绩效的影响：以永辉超市为例[J].商场现代化(18)：169－171.

林琳，吕文栋，2019.数字化转型对制造业企业管理变革的影响：基于酷特智能与海尔的案例研究[J].科学决策(1)：85－98.

林新奇，石嘉伟，2022.数字经济与管理变革的关系：研究述评及其展望[J].北京科技大学学报(社会科学版)，38(4)：459－469.

刘东慧，白福萍，董凯云，2022.数字化转型对企业绩效的影响机理研究[J].财会通讯(16)：120－124.

刘冠鸿，孙杰，2015.动态竞争环境下企业信息化价值链管理的战略研究[J].科技管理研究(10)：117－124.

刘红伟，2022.数字化转型赋能行业高质量发展：中国数字建筑峰会2022·城市峰会开幕式侧记[J].中国勘察设计(8)：73－74.

刘然，2020.后疫情时代中小企业数字化转型之路[J].人民论坛·学术前沿(13)：104－107.

刘淑春，2018.数字政府战略意蕴、技术构架与路径设计：基于浙江改革的实践与探索[J].中国行政管理(9)：37－45.

刘淑春，闫津臣，张思雪，等，2021.企业管理数字化变革能提升投入产出效率吗[J].管理世界，37(5)：170－190＋13.

刘婉,2019.制造企业数字化转型模式及其适应性能力研究[D].杭州电子科技大学.

刘义豪,席健评,2022.我国数字化政府建设现存问题与改善路径[J].公关世界(15):58-60.

刘志高,尹贻梅,2007.演化经济学的理论知识体系分析[J].外国经济与管理(6):1-6+13.

刘晓辉,任群罗,2021.产业互联网背景下电商C2M模式发展困境与突破路径[J].企业经济,40(6):138-144.

逯笑微,2010.基于组织变革的产业演化机理研究[D].大连理工大学.

吕文晶,陈劲,刘进,2019.工业互联网的智能制造模式与企业平台建设:基于海尔集团的案例研究[J].中国软科学(7):1-13.

卫思宇,张静,赵纯刚,2015."中国制造2025"与传统制造业的差异[J].西部大开发(7):88-90.

伦晓波,刘颜,2022.数字政府、数字经济与绿色技术创新[J].山西财经大学学报,44(4):1-13.

罗文豪,2020.数字化转型中的人力资源管理变革[J].中国人力资源开发,37(7):3.

马永开,李仕明,潘景铭,2020.工业互联网之价值共创模式[J].管理世界,36(8):211-222.

毛聚,李杰,张博文,2022.CEO复合职能背景与企业数字化转型[J].现代财经(天津财经大学学报)(9):37-58.

倪克金,刘修岩,2021.数字化转型与企业成长:理论逻辑与中国实践[J].经济管理,43(12):79-97.

戚聿东,杜博,温馨,2021.国有企业数字化战略变革:使命嵌入与模式选择:基于3家中央企业数字化典型实践的案例研究[J].管理世界,37(11):137-158+10.

戚聿东,肖旭,2020.数字经济时代的企业管理变革[J].管理世界,36(6):135-152+250.

齐振宏,2002.企业组织变革研究[D].华中农业大学.

邱洋冬,2022.数字化变革与企业创新:知识来源视角[J].兰州学刊(7):58-79.

芮明杰,1998.企业可持续发展的理论分析[J].上海经济研究(4):57-59.

任兴洲,2015.产业互联网的发展与创新[J].中国发展观察(8):58-59.

石先梅,2022.制造业数字化转型的三重逻辑与路径探讨[J].当代经济管理,44(9):48-56.

史宇鹏，王阳，张文韬，2021. 我国企业数字化转型：现状、问题与展望[J]. 经济学家(12)：90－97.

宋晶，陈劲，2022. 企业家社会网络对企业数字化建设的影响研究：战略柔性的调节作用[J]. 科学学研究，40(1)：103－112.

谭清美，陈静，2016. 信息化对制造业升级的影响机制研究：中国城市面板数据分析[J]. 科技进步与对策，33(20)：55－62.

腾讯研究院，中国信通院互联网法律研究中心，腾讯 AI Lab，等，2017. 人工智能[M]. 中国人民大学出版社：499.

王晨，2020. 我国工业互联网平台发展影响因素及驱动政策研究[D]. 北京：北京建筑大学.

王锋正，赵宇霞，夏嘉欣，2022. 异质环境政策、高管风险偏好与绿色技术创新：基于中国重污染上市公司的实证研究[J]. 科研管理，43(11)：143－153.

王伟玲，2019. 加快实施数字政府战略：现实困境与破解路径[J]. 电子政务(12)：86－94.

王和勇，姜观尚，2022. 我国区域制造业数字化转型测度及其影响机制[J]. 科技管理研究，42(2)：192－200.

王玮，杜书升，曹溪，2019. 工业互联网引发的"颠覆式"管理变革[J]. 清华管理评论(3)：62－72.

王小林，杨志红，2022. 高质量发展视角下企业数字化转型的机理[J]. 求索(4)：126－134.

王永贵，汪淋淋，2021. 传统企业数字化转型战略的类型识别与转型模式选择研究[J]. 管理评论，33(11)：84－93.

王喜文，2015. "互联网＋"应与"机器人＋"结合成"软硬叠加"[J]. 物联网技术，5(12)：3.

王如玉，梁琦，李广乾，2018. 虚拟集聚：新一代信息技术与实体经济深度融合的空间组织新形态[J]. 管理世界 34(2)：13－21.

韦影，宗小云，2021. 企业适应数字化转型研究框架：一个文献综述[J]. 科技进步与对策，38(11)：152－160.

韦庄禹，2022. 数字经济发展对制造业企业资源配置效率的影响研究[J]. 数量经济技术经济研究，39(3)：66－85.

魏琪嘉，2022. 推进数字政府建设完善宏观经济治理[J]. 经济(9)：24－27.

魏斯曼，2001. 战略管理：成功五要素[M]. 史世伟，和贞，译. 北京：华夏出版社.

吴非，胡慧芷，林慧妍，等，2021. 企业数字化转型与资本市场表现：来自股票流动性的经验证据[J]. 管理世界,37(7):130-144+10.

吴江,陈婷,龚艺巍,等,2021. 企业数字化转型理论框架和研究展望[J]. 管理学报,18(12):1871-1880.

吴静,张凤,孙翊,等,2020. 抗疫情助推我国数字化转型:机遇与挑战[J]. 中国科学院院刊,35(3):306-311.

肖静华,2020. 企业跨体系数字化转型与管理适应性变革[J]. 改革(4):37-49.

肖智星,陈春花,2001. 组织文化视野下的领导行为方式研究[J]. 科技进步与对策,18(11):91-93.

谢康,吴瑶,肖静华,等,2016. 组织变革中的战略风险控制:基于企业互联网转型的多案例研究[J]. 管理世界(2):133-148+188.

邢纪红,王翔,2017. 传统制造企业"互联网+"商业模式创新的结构特征及其实现路径研究[J]. 世界经济与政治论坛(2):70-90.

徐鹏,徐向艺,2020. 人工智能时代企业管理变革的逻辑与分析框架[J]. 管理世界,36(1):122-129+238.

徐鹏航,1989. 中国企业文化[M]. 武汉:华中理工大学出版社.

许峰,2020. 地方政府数字化转型机理阐释:基于政务改革"浙江经验"的分析[J]. 电子政务(10):2-19.

薛惊理,2018. 关于传统企业数字化转型的战略思考[[J]. 经济师(6):263-264.

严子淳,李欣,王伟楠,2021. 数字化转型研究:演化和未来展望[J]. 科研管理,42(4):21-34.

杨波,2017. S公司北京市场分销渠道数字化转型策略研究[D]. 大连:大连理工大学.

杨超,危怀安,2016. 组织演化间断平衡规律研究述评与展望[J]. 外国经济与管理,38(4):36-48.

杨慧玲,张力,2020. 数字经济变革及其矛盾运动[J]. 当代经济研究(1):22-34+112.

杨书燕,宋铁波,吴小节,2022. 数字化转型研究知识结构与热点趋势[J]. 科技进步与对策,39(15):150-160.

杨学成,陶晓波,2015. 从实体价值链、价值矩阵到柔性价值网:以小米公司的社会化价值共创为例[J]. 管理评论,27(7):232-240.

姚小涛,亓晖,刘琳琳,等,2022. 企业数字化转型:再认识与再出发[J]. 西安交通大学学报(社会科学版),42(3):1-9.

易加斌，李霄，杨小平，等，2021. 创新生态系统理论视角下的农业数字化转型：驱动因素、战略框架与实施路径[J]. 农业经济问题(7)：101－116.

易文，2019. Y 城商行数字化转型发展策略研究[D]. 郑州：郑州大学.

尹金，张原，2020. 企业数字化转型路径及实践[J]. 中外企业家(4)：94－95.

余义勇，段云龙，2016. 大数据时代下企业管理模式创新研究[J]. 技术与创新管理，37(3)：302－307.

余菲菲，高霞，2018. 产业互联网下中国制造企业战略转型路径探究[J]. 科学学研究，36(10)：1770－1778.

袁彩云，2022. 数字经济时代下的企业管理变革[J]. 南方论刊(4)：20－21＋39.

袁淳，肖土盛，耿春晓，等，2021. 数字化转型与企业分工：专业化还是纵向一体化[J]. 中国工业经济(9)：137－155.

中国电子信息产业发展研究院(赛迪研究院)，人工智能产业创新联盟，2020. 人工智能实践录[M]. 人民邮电出版社：223.

曾德麟，蔡家玮，欧阳桃花，2021. 数字化转型研究：整合框架与未来展望[J]. 外国经济与管理，43(5)：63－76.

张伯旭，2016. 推动"在北京制造"向"由北京创造"转变[J]. 中国经贸导刊(6)：36－37.

张成福，谢侃侃，2020. 数字化时代的政府转型与数字政府[J]. 行政论坛，27(6)：34－41.

张国胜，杜鹏飞，2022. 数字化转型对我国企业技术创新的影响：增量还是提质？[J]. 经济管理，44(6)：82－96.

张敬伟，崔连广，李志刚，等，2020. 连续变革理论述评与展望[J]. 研究与发展管理，32(2)：144－154.

张卫华，梁运文，2017. 全球价值链视角下"互联网＋产业集群"升级的模式与路径[J]. 学术论坛 40(3)：117－124.

张林刚，耿文月，熊焰，2022. 组织学习、组织遗忘与企业数字化转型[J]. 领导科学(9)：91－95.

赵宸宇，2022. 数字化转型对企业社会责任的影响研究[J]. 当代经济科学，44(2)：109－116.

赵宸宇，王文春，李雪松，2021. 数字化转型如何影响企业全要素生产率[J]. 财贸经济，42(7)：114－129.

赵宸宇. 2023. 数字化转型对企业劳动力就业的影响研究[J]. 科学学研究，41(2)：241－252.

郑卫华，2018. 制造企业数字化转型路径研究：基于省略 acatech 工业 4.0 成熟度指数[J]. 科技与经济,31(184):53 - 54.

周青,王燕灵,杨伟,2020. 数字化水平对创新绩效影响的实证研究:基于浙江省 73 个县(区、市)的面板数据[J]. 科研管理,41(7):120 - 129.

周济,2015.“中国制造”迎来创新驱动的春天[J]. 智慧中国(1):28 - 31.

周剑,张胜东,王娟,2019. 基于不确定链路参数的卫星网络路由算法[J]. 系统工程与电子技术,41(5):1143 - 1148.

朱锐勋,2022. 政府数字化转型与电子政务深化发展面临的挑战与对策[J]. 行政管理改革(2):61 - 68.

朱秀梅,林晓玥,2022. 企业数字化转型:研究脉络梳理与整合框架构建[J]. 研究与发展管理,34(4):141 - 155.

ADNER R, PURANAM P, ZHU F, 2019. What is different about digital strategy? From quantitative to qualitative change[J]. Strategy Science,4(4): 253 - 261.

AHMED B,DIGITAL F,2016. Digital Transformation[M]. Switzerland:Springer International Publishing Switzerland:20 - 21.

ALBRECHT J, 2015. Digital Transformation: herausforderungen fur unternehmen im B2C bereich[J]. Hamburg:Disserta,11(4):9 - 12.

ALI S, GREEN P, ROBB A, 2015. Information technology investment governance: What is it and does it matter? [J]. International Journal of Accounting Information Systems,18:1 - 25.

ANDREW H. VAN DEVEN, POOLE, 1995. Explaining development and change in organizations[J]. Academy of Management Review,20(3):510 - 540.

ANDRIOLE S J,2017. Five myths about digital transformation[J]. MIT Sloan Management Review,58(3):20 - 22.

ANSOFF H I,1977. The changing shape of the strategic problem[J]. Journal of General Management,4(4):42 - 58.

ARNTZ P R H, HOPMAN J, NILLESEN M, et al., 2016. Effectiveness of a multimodal hand hygiene improvement strategy in the emergency department [J]. American Journal of Infection Control,44(11):1203 - 1207.

BARNETT S B, NOSKOWICZ D, 2018. Systems, apparatus and methods for continuously tracking medical items throughout a procedure:U. S. Patent 10, 154,885[P]. 2018 - 12 - 18.

BARRETT M, DAVIDSON E, PRABHU J, et al., 2015. Service innovation in the digital age: key contributions and future directions[J]. MIS Quarterly, 39(1): 135 - 154.

BEKKHUSR, 2016. Do KPIs used by CIOs decelerate digital business transformation? The case of ITIL[C]. Digital Innovation, Technology, and Strategy Conference, Dublin, Ireland.

BERGHAUS S, BACK A, 2016. Stages in digital Business transformation: results of an empirical maturity study[C]. Tenth Mediterranean Conference on Information Systems(MCIS): 22.

BERMAN S J, 2012. Digital transformation: opportunities to create new business models[J]. Strategy & Leadership, 40(2): 16 - 24.

BEUGELSDIJK S, SLANGEN A, VAN HERPEN M, 2002. Shapes of organizational change: the case of Heineken Inc. [J]. Journal of Organizational Change Management, 15(3): 311 - 326.

BHARADWAJ A, EL SAWY O A, PAVLOU P A, et al., 2013. Digital business strategy: toward a next generation of insights[J]. Management Information System, 37(2): 471 - 482.

CENNAMO G M, 2019. Archeological Heritage in the Area of the Jewish Ghetto in Rome: Surveying and Reading Among Archetypes and Memories of the Past [J]. Heritage, 2(2): 1499 - 1508.

CHANIAS S, 2017. Mastering digital transformation: the path of a financial services provider towards a digital transformation strategy[J]. Strategy & Leadership, 42(5): 9 - 17.

CHERRYM A, 2016. Beyond misclassification: the digital transformation of work[J]. Social Science Electronic Publishing, 37: 544 - 577.

COLBERT A, YEE N, GEORGE G, 2016. The digital workforce and the workplace of the future[J]. Workforce Education Forum, 29: 29 - 49.

CORY-TOUSSAINT D, TAYLOR P J, BARNHOORN I E J, 2021. Non-invasive sampling of bats reflects their potential as ecological indicators of elemental exposure in a diamond mining area, northern Limpopo Province, South Africa [J]. Environmental Science and Pollution Research, 1 - 14.

CYRON W, NILSSON M, EMBORG M, et al., 2019. Bonded concrete overlays:

A brief discussion on restrained shrinkage deformations and their prediction models[J]. Nordic Concrete Research, 61(2):107 - 129.

DEKKERS R, 2005. Evolution: organizations and the dynamics of the environment[M]. New York: Springer.

DEMIRKAN H, SPOHRER J C, WELSER J J, 2016. Digital innovation and strategic transformation[J]. IT Professional, 18(6):14 - 18.

DREMEL C, WULF J, HERTERICH M, et al., 2017. How AUDI AG established big data analytics in its digital transformation[J]. MIS Quarterly Executive, 16(2):23 - 34.

FELTEN S, HARTMANN K, 2019. Diagnosis of feline infectious peritonitis: a review of the current literature[J]. Viruses, 11(11):1068.

FITZGERALD M, KRUSCHWITZ N, BONNET D, et al., 2014. Embracing digital technology: A new strategic imperative[J]. MIT Sloan Management Review, 55(2):1.

GEMINI C, 2011. Digital transformation: a road map for billion[M]. Cambridge: MIT Sloan Management.

GERSICK C J G, 1991. Revolutionary change theories: a multilevel exploration of the punctuated equilibrium paradigm[J]. Academy of Management Review, 16(1):10 - 36.

GROVER V, KOHLI R, 2013. Revealing your hand: caveats in implementing digital business strategy[J]. MIS, 37(2):655 - 662.

HAFFKE I, KALGOVAS B J, BENLIAN A, 2016. The Role of the CIO and the CDO in an Organization's Digital Transformation[R]. International Conference of Information Systems, Dublin, Ireland.

HAKANEN J, MALMBERG J, OJALEHTO V, et al., 2019. Data-driven interactive multiobjective optimization using a cluster-based surrogate in a discrete decision space[C]//Machine Learning, Optimization, and Data Science: 4th International Conference, Volterra, Italy, September 13 - 16, 2018, Revised Selected Papers 4. Springer International Publishing:104 - 115.

HAMMER M, 1990. Reengineering work: don't automate, obliterate[J]. Harvard Business Review(8):104 - 112.

HARTL E, HESS T, 2017. The role of cultural values for digital transformation:insights from a Delphi study[J]. Marketing Review St Gallen, 32(1):62 - 69.

HESS M, LENZ S, BLATTE T J, et al. , 2017. Partitioned learning of deep Boltzmann machines for SNP data[J]. Bioinformatics, 33(20):3173 - 3180.

HORLACH B, DREWS P, SCHIRMER I, et al. , 2017. Increasing the agility of IT delivery: five types of bimodal IT organization[C]. Proceedings of the 50th Hawaii International Conference on System Sciences:5420 - 5429.

HORLACHER A, HESS T, 2014. Der chief digital officer [J]. Medien-Wirtschaft-Zeitschrift, 11(3):32 - 35.

JACOBIDES M G, CENNAMO C, GAWER A, 2018. Towards a theory of ecosystems[J]. Strategic Management Journal, 39(8):2255 - 2276.

KARIMI J, WALTER Z, 2015. The role of dynamic capabilities in responding to digital disruption:A factor-based study of the newspaper industry[J]. Journal of Management Information Systems, 32(1): 39 - 81.

KARUNAKARAN R, IIANGO R V J, 2019. Grafting Crop Shoots on Bi-clonal Seedlings as a Potential Strategy for Clonal Multiplication in Tea [J]. Agricultural Research, 9(3):417 - 423.

KAST F E, ROSENZWEIG J E, 1973. Organization and management:a system and contingency approach[M]. New York:McGraw-Hill.

KATHLEEN, M, EISENHARDT, et al. , 1995. Accelerating adaptive processes: product innovation in the Global Computer Industry[J]. Administrative Science Quarterly.

KLöTZERC, PFLAUM A, 2017. Toward the development of a maturity model for digitalization within the manufacturing industry's supply chain [J]. California Management Review, 12(4):12 - 25.

KIM S C, NAHM S W, PARK Y K, 2015. Property and performance of red mud-based catalysts for the complete oxidation of volatile organic compounds [J]. Journal of Hazardous Materials, 300:104 - 113.

KOTTER J P, 1973. The psychological contract:managing the joining-up process [J]. California Management Review, 15(3):91 - 99.

KOTTER J P, 2003. Leading change: why transformation efforts fail[J]. IEEE Engineering Management Review, 37(3):42 - 48.

LANZOLLA G, ANDERSON J, 2008. Digital transformation [J]. Business Strategy Review, 19(2): 72 - 76.

LEAVITT H J, 1965. Ignorance, success, and innovation[J]. Trans Action, 2(2): 31 - 32.

LEGNER C, EYMANN T, HESS T, et al., 2017. Digitalization: opportunity and challenge for the business and information systems engineering community[J]. Business & information systems engineering, 59(4): 301 - 308.

LEONARD C E, BRENSINGER C M, BILKER W B, et al., 2017. Thromboembolic and neurologic sequelae of discontinuation of an antihyperlipidemic drug during ongoing warfarin therapy [J]. Scientific Reports, 7(1): 18037.

LEWIN G, 1951. Special techniques in magnetic recording for motion picture production [J]. Journal of the Society of Motion Picture and Television Engineers, 56(6): 653 - 663.

LI L, SU F, ZHANG W, et al., 2018. Digital transformation by SME entrepreneurs: a capability perspective [J]. Information Systems Journal, 28 (6): 1129 - 1157.

LIU D Y CHEN S W. CHOUT C, 2011. Resource fit in digital transformation: Lessons learned from the CBC Bank global e-banking project[J]. Management Decision, 49(10): 1728 - 1742.

LUSCH R F, NAMBISAN S, 2015. Service innovation: a service-dominant logic perspective[J]. MIS Quarterly, 39(1): 155 - 175.

MAEDCHE A, 2016. Interview with Michael Nilles on "What makes leaders successful in the age of the digital transformation?" [J]. Business & Information Systems Engineering, 58(4): 287 - 289.

MATT C, HESS T, Benlian A, 2015. Digital transformation strategies [J]. Business & Information Systems Engineering, 57(5): 339 - 43.

MASUCH M, LAPOTIN P, 1989. Beyond garbage cans: An Al model of organizational choice[J]. Administrative Science Quarterly, 34(1): 38 - 67.

MEYER T, KERKHOF A, CENNAMO, C, et al., 2024. Competing for attention on digital platforms: The case of news outlets [J]. Strategic Management Journal, 45(9): 1731 - 1790.

MICHAEL S R, 1982. Organizational change techniques: their present, their future[J]. Organ Dyn, 11(1): 67 - 79.

MIKLÓS-THAL J, TUCKER C, 2019. Collusion by algorithm: Does better demand prediction facilitate coordination between sellers? [J]. Management Science, 65(4): 1552 - 1561.

MINTZBERG H, 1987. The strategy concept Ⅱ: Another look at why organizations need strategies[J]. California management review, 30(1): 25 - 32.

MOSMANN J P, TALAVERN A D, CRISCUOLO M I, et al., 2019. Sexually transmitted infections in oral cavity lesions: Human papillomavirus, Chlamydia trachomatis, and Herpes simplex virus [J]. Journal of Oral Microbiology, 11(1): 1632129.

NADLER D, SHAW R B, WALTON A E, 1995. Discontinuous change: leading organizational transformation[J]. Academy of Management Executive, 9(2): 77 - 80.

NORTH D C, 2013. Institutions, ideology, and economic performance[J]. Cato Journal, 11(3): 477 - 496.

PAAVOLA R, HALLIKAINEN P, ELBANNA A, 2017. The role of middle managers in modular digital transformation: the case of servu[C]. European Conference of Information Systems (ECIS).

PANICO F F, TROSTER E J, OLIVEIRA C S, et al., 2015. Risk factors for mortality and outcomes in pediatric acute lung injury/acute respiratory distress syndrome[J]. Pediatric Critical Care Medicine, 16(7): e194 - e200.

PICCININI E, HANELT A, GREGORY R W, et al., 2015. Transforming industrial business: the impact of digital transformation on automotive organizations[C]. International Conference on Information Systems.

PORTER M E, HEPPELMANN J E, 2015. How smart, connected products are transforming companies[J]. Harvard Business Review, 93(10), 96 - 114.

REIS J C G, AMORIM M, MELÃO N, et al., 2018. Digital transformation: a literature review and guidelines for future research[C]. World Conference on Information Systems & Technologies. Springer, Cham.

ROGERS, D, 2016. The digital transformation playbook: rethink your business for the digital age[M]. Columbia: Columbia University Press.

RUMELT, 1974. Strategy, structure and economics performance, diversion of research[M]. Boston: Havard University Press.

RUTHERFORD M, BULLER P F, 2007. Searching for the legitimacy threshold [J]. Journal of Management Inquiry, 16(1): 78 - 92.

SCHNEIDER S, LEYER M, 2019. Me or information technology? Adoption of artificial intelligence in the delegation of personal strategic decisions [J]. Managerial and Decision Economics, 40(3): 223 - 231.

SHARIEF M A O, HASSANEIN H S, 2018. IoT in the Fog: A roadmap for data-centric iot development[J]. IEEE Communications Magazine, 56(3): 157 - 163.

SHONA L, BROWN, et al., 1997. The art of continuous change: linking complexity theory and time-paced evolution in relentlessly shifting organizations[J]. Administrative Science Quarterly, 14(2): 16 - 45.

SHRESTHA S, SHARMA K, CHEN Z, et al., 2019. Unravelling the influences of sewer-dosed iron salts on activated sludge properties with implications on settleability, dewaterability and sludge rheology [J]. Water Research, 167 (8): 115089.

SINGH A, HESS T, 2017. How chief digital officers promote the digital transformation of their companies[J]. MIS Quarterly Executive, 16(1).

SOLIS B, LI C, SZYMANSKI J, 2014. The 2014 state of digital transformation [R]. Altimeter Group.

STEPHEN M B, 2014. Strategies transformation: entwicklung eines verfahrens zur effektiven umsetzung von strategien[J]. Gabler, 35(4): 145 - 149.

TEUBNER R A, 2013. Information systems strategy[J]. Bus Inf Syst Eng, 5(4): 243 - 257.

TUSHMAN M L, O'REILLY Ⅲ C A, 1996. Ambidextrous organizations: managing evolutionary and revolutionary change [J]. California Management Review, 38(4): 8 - 30.

TUSHMAN M L, ROMANELLI E, 1985. Organizational evolution: a metamorphosis model of convergence and reorientation [J]. Research in Organizational Behavior, 7: 171 - 222.

USTUNDAG B, TURKMEN E, CETINDOGAN B, et al., 2018. Low-noise amplifiers for W-band and D-band passive imaging systems in SiGe BiCMOS technology[C]. 2018 Asia-Pacific Microwave Conference (APMC).

VAN VELDHOVEN Z, VANTHIENEN J, 2021. Digital transformation as an interaction-driven perspective between business, society, and technology[J]. Electronic Markets, 32(2), 629 - 644.

VENKATRAMAN N, 1994. IT enabled business transformation: from automation to business scope redefinition[J]. Sloan Management Review, 35 (2): 73 - 87.

VERHOEF P C, BROEKHUIZEN T, BART Y, et al., 2021. Digital transformation: a multidisciplinary reflection and research agenda[J]. Journal of Business Research, 122(12): 889 - 901.

VIAL D, SUBRAMANIAN V, 2019. On the role of clustering in Personalized PageRank estimation[J]. ACM Transactions on Modeling and Performance Evaluation of Computing Systems (TOMPECS), 4(4): 1 - 33.

VOLBERDA H W, LEWIN A Y, 2003. Co-evolutionary dynamics within and between firms: from evolution to co-evolution[J]. Journal of Management Studies, 40(8): 2111 - 2136.

VOLLMAN T, 1996. Developing a configuration management tool compliance standard[J]. Standard View, 4(3): 151 - 154.

WEBBER A R, 1979. Management pragmatics: cases and readings on basic elements of managing organizations[M]. Homewood: R. D. Irwin.

WULF J, METTLER T, BRENNER W, 2017. Using a digital services capability model to assess readiness for the digital consumer[J]. MIS Quarterly Executive, 16(3): 171 - 195.